南瓜之車

啊南瓜
南瓜種在星子與星子
之間的雲泥上
開花，完熟，化成了
黃金的車輛

南瓜的籽是我們的夢
星圖是我們身世的臉譜
占星之學是我們的靈魂所
隨身攜帶的天平
在偌大的宇宙中
我們不會迷航
憑著地圖
靈魂有他最好的旅行方向

親愛的你
坐上黃金的馬車了嗎？

TRANSITS OF MOON AND VENUS

月亮金星
行運全書

韓良露 著

韓良露
生命占星學院

興趣廣泛、身分多元的知名文化人韓良露，除了大家熟知的作家、媒體人及文化推動者身分之外，她也是藝文圈中最受重視的占星學大師。

二〇〇三年起她在金石堂金石書院（現龍顏講堂）開設占星課程，由於口耳相傳、好評不斷，課程一直持續到二〇一〇年才劃下休止符。在長達八年的四百多堂課中，她以歷史、哲學、心理學、社會學的角度，將占星的深層智慧化為生動的教學內容，讓大家在學習與命運對話的同時，獲得看待人生的更高視野。

這一系列課程不但架構了宇宙法則的邏輯，也融入她對人性與社會的觀察，但因資料整理工程浩大，成書計劃一直未能完成，為避免這些珍貴課程內容成為絕響，南瓜國際透過多年來數量龐大的上課錄音及相關資料，依據當時課程的規劃邏輯，整理成為系列書籍，期望能藉由文字重現精彩、動人且充滿智慧的上課盛況。

目錄

序 好運與壞運的宇宙法則 8

PART 1 家庭、情感與金錢的命運時刻表 15

Chapter 1 本命星圖與行運星圖 21

Chapter 2 月亮與金星的家庭、情感與金錢議題 23

Chapter 3 月亮 29

Chapter 4 金星 39

PART 2 行運外行星對本命月亮的影響 51

Chapter 1 行運木星對本命月亮的影響 55

Chapter 2 行運土星對本命月亮的影響 63

Chapter 3 行運天王星對本命月亮的影響 85
Chapter 4 行運海王星對本命月亮的影響 107
Chapter 5 行運冥王星對本命月亮的影響 121

PART 3
行運內行星對本命月亮的影響 137
Chapte3 1 行運太陽對本命月亮的影響 141
Chapter 2 行運月亮對本命月亮的影響 147
Chapter 3 行運水星對本命月亮的影響 151
Chapter 4 行運金星對本命月亮的影響 155
Chapter 5 行運火星對本命月亮的影響 161

PART 4
行運外行星對本命金星的影響 167
Chapte3 1 行運木星對本命金星的影響 171

Chapter 2 行運土星對本命金星的影響 181
Chapter 3 行運天王星對本命金星的影響 189
Chapter 4 行運海王星對本命金星的影響 201
Chapter 5 行運冥王星對本命金星的影響 213

PART 5

行運內行星對本命金星的影響 225

Chapte3 1 行運太陽對本命金星的影響 229
Chapter 2 行運月亮對本命金星的影響 237
Chapter 3 行運水星對本命金星的影響 243
Chapter 4 行運金星對本命金星的影響 247
Chapter 5 行運火星對本命金星的影響 251

序

好運與壞運的宇宙法則

每個人的生命，各有不同的格局，也各有其不同議題。每個人的本命星圖，就是出生時天上的行運，「上天如是，地下亦然」，我們出生時的星空，隨著我們的誕生而被帶到人間，我們也由此展開了一生的旅程。

我們出生時的本命星圖，是我們這輩子命運的基本格局，而本命星圖的基本格局，必須仰賴行運來啟動。再好的本命格局，也會有遇到壞運的時候，即使先天格局不好的人，當他們遇到好運時，他們這個時候做的事情，也都會比較容易成功。

我向來不太贊成教人成功的「成功學」書籍，原因在於成功很難複製。成功往往必須要先天的格局，加上後天的運勢。如果沒有那個先天格局，或者沒有遇到恰當的運勢，就算是完全照著書上做，也沒辦法成功。

我這輩子認識很多有錢人，其中不乏幾個首富級的成功人士。他們的一生有可能經歷過一飛沖天的成功，也經歷了慘烈的失敗。如果世間有「成功學」的存在，豈不是他們成功時用的是「天才經營法」，失敗時用的是「白癡經營法」？但世界上當然不可能會有「天才經營法」與「白痴經營法」，根據我認識他們這麼多年，他們做生意的方式從頭到尾都差不多，差別只在於人的一生有的時候好運，有的時候壞運。所以同樣的經營方法，在他們好運的時候，就是天才經營法，在他們倒楣的時候，就變成白痴經營法。只不過他們的本命星圖的格局比較強，所以不管是成功或失敗，規格都比較大，也格外會被世人所矚目。

我發現一件事，本命格局好的人，他們固然也會願意做好事，但他們往往會因為格局好，而更想做大事——而他們人生的陷阱，就在「做大事」上面。一個人想要做到「小而美」，其實並不難，想要又大又美，這就非常難做到。

我有不少本命格局很好的朋友，他們在事業上都很成功，他們相信「有志者事竟成」，但理解占星的人會知道，在這個世界上，我們只能說「有願者事或成」。一個人的人生目標，就是這個人的「願」，當他遇到好運的時候，他會因為順境而比較容易達成他的願景，當他遇到壞運的逆境時，甚至到了寸步難移的窘境，只要「願」還在，等到逆境過去，還是可以繼續接著往目標走。

學習行運，可以讓我們接受人生必然有起伏，有好運就必然有壞運，有成功就有失敗，這是宇宙不變的法則。「有志者事竟成」這句話，有可能會讓一個人在該放手的時候不肯放手，導致人生走得太過於辛苦。「有志者事竟成」有時候會變成一種過度的執念，但事實上並不是真的每個「志」都一定得「成」。當一個人認定了某件事情是一件好事而一意孤行，可能會是一場災難。人的一生可以立很多很多志，如果立了志就非要達成不可，這樣的人生，其實是被各式各樣偉大志願牽著走的無頭蒼蠅，這樣是行不通的。

所以有「願」比有「志」重要，你得有辦法立下適當的願，知道自己真正的願是什麼，而不是立志讓事竟成。因為志往往會讓我們在該放手時放不了手，像毛澤東就是事竟成，卻害慘很多人的典型範例，許多追求事竟成的人，他們在追求對自己好但對別人不見得好的過程中，往往會為人生帶來很大的災難。

當我們遇到好運，最好的用途，是拿它來造福人群也造福自己，多做一些對社會有意義、有貢獻的事，在整個人狀況最好的時候造福人群。如果一個人在好命遇到好運時只顧著賺錢，雖然也可以造福自己，但多少有點可惜。

事實上，如果一個人在鴻運當頭的時候做壞事，壞事也會被他們做得很順手。我看過很多身居高位的政治人物，這些人都有很強的先天格局，也有過很大的好運。好命加上好運，結果登上很高的政治舞台，成為家喻戶曉的政治人物——如果沒有好命加好運，一個人根本沒辦法登上高位。可是很多政治人物爬上高位之後，就開始貪污徇私，做了很多壞事。就占星的角度來看，這是非常可惜的事。因為這些人本來就有好命與好運，就算不貪污、不違法，他們一樣可以做大官、賺大錢，甚至老了退休之後，每個月也有很優渥的退休金可領。可惜很多人嫌這些錢不夠，貪圖更大的利益，結果犯了法、做了牢，最後一無所有。我見過不少極度好命的人，他們也做過許多極度愚蠢的事，對他們自己的人生造成了很大的傷害。如果格局很好的人在運氣好的時候沒有積德做好事，而是為了私利去做壞事的話，依據他們這麼強的格局，一做壞事就會是很大的壞事，等到他們運勢不好的時候，很可能就會因此而成了階下囚。

我也認識許多本命格局普普通通的人，他們對人生的野心沒有那麼大，當他們遇到好運時願意將自己的好運用於善舉，趁著自己行運好運的那幾年，在合理的範圍內稍微存一點錢，在遇到行運壞運的那幾年就節省開銷、閉門讀書、韜光養晦，雖然聽起來人生似乎太過於清淡，可是如果真的能做到這一點，即使一個人天生本命格局很差，他們還是可以安然度過這一生，並且過得很有價值。

每個人的一生中都會遇到好運與壞運，一個天生格局不好的人，如果人生中不管遇到的好運壞運，他們都願意無私奉獻，願意做好事，這會是一種非常有價值的靈魂學習。這件事情會比天生本命格局本來就很好，又遇到好運時才順便做一點好事的境界高很多。這種事情並不是天方夜譚，我們經常會在報端看到的確有不少自身貧困，但是卻致力於行善的好人，讓世人深深感動——這就是一種人生的智慧。

也因為每個人不管先天格局好壞，這輩子都會遇到好運與壞運，面對好運與壞運的態度就變得很重要。而人生價值與人生哲學的重要性，就在於不管好運壞運，我們都能夠朝向人生目標走的話，就不會遇到好運就得意忘形，遇到壞運就手忙腳亂，結果迷失了人生的方向。

不管我們的本命星圖本身是什麼樣的格局，最終決定的，其實是我們對於人生的態度。我這輩子走過幾次大好運，尤其是我在二十幾歲時，由於父母破產，我必須要在最短的時間內拚命寫劇本、買房子讓父母住。也因為我很幸運的在那段期間遇到了很好的行運，所以不但幫爸媽還清債務，我自己也累積了不少物質資產、工作經驗與有形、無形資源。在這段期間，我總共買賣了九棟房子。我可以將這些錢拿去轉投資，甚至改行從事房地產——不過多年以後的現在看來，就算我成為房地產大亨，我想我也不會像現在這麼快樂。更麻煩的，是如果我以為這兩三年的行運就是人生常態，等到相位結束之後，我依然想要複製這種好運的模式，麻煩就大了。

每個人生命中都會不斷遇到各式各樣的行運，但我們不能讓行運主導了我們的人生。我們的人生一定要有一個高於行運的人生價值與人生哲學，不能因為追逐行運而不斷的改變自己的人生哲學與人生的價值觀，也不能因為想要達成什麼世俗成就，結果完全違背了這輩子真正的人生目標。

人生價值與人生哲學非常重要，人生中永遠充滿著好運、壞運，當我們好運時，我們應該利用好運帶來的順境，讓我們更接近人生目標，而當我們遇到壞運帶來的逆境時，也不能忘了我們的人生目標。也許在逆境時會遇到很多阻力，但我們可以放慢速度，朝著人生目標慢慢走。

一切物質世界的現實終將過去。在好運、壞運交錯的一生中，如果都能朝向我們想要的人生目標邁進，當我們走完這一生，我們的靈魂，就能得到真正的喜悅。

註　本文依據二〇〇九年相關錄音整理而成。

PART 1

家庭、情感與金錢的命運時刻表

當我們誕生在地球上，隨著出生的時間、地點，我們有了專屬於自己的一張本命星圖。

在本命星圖中，我們都會擁有本命太陽、月亮、水星、金星、火星、木星、土星、天王星、海王星、冥王星這十顆主要行星，而它們就像是我們生命大戲中的十個主要演員，分別代表了我們人生中的十個重要角色。

太陽：意志、人生目標，以及生命中的重要男性。

月亮：情緒、安全感，以及生命中的重要女性。

水星：思想、溝通能力、表達能力。

金星：情感、價值觀、吸引力。

火星：欲望、性衝動、肉體的行動力。

木星：智慧、機會、社會價值帶來的助益。

土星：責任、權威、現實世界的限制。

天王星：無常、變動，宇宙性的巨大改革力量。

海王星：藝術、慈悲，宇宙間沒有邊際的靈性力量。
冥王星：控制欲、執著，宇宙間毀滅與新生的巨大能量。

這十顆行星各自落在不同星座，它們會隨著不同的星座，而用這些星座的特質來展現它們的能量。例如同樣都是金星的情感與價值觀，金星落在牡羊的人就會用牡羊的勇敢、大膽的方式來展現情感，而金星落在天秤的人則想要保持人際關係中黃金比例，想要面面俱到。

十顆行星也會落在不同的宮位。十二個宮位各自代表了十二個不同的生命領域，如果一個人有很多行星落在二宮金錢宮，他們這輩子就有很多跟金錢有關的緣分（但並不意謂著他們會很有錢或能存很多錢），如果有很多行星落在十宮事業宮，他們這輩子就會有很多機會在社會舞台上拋頭露面。

而行星與行星之間會因為特定角度而形成能量互動，這就是所謂的「相位」。主要相位分為四種：合相、九十度、一百二十度與一百八十度。本命星圖中的合相，是指本命星圖中的兩顆行星在相同星座，彼此的距離在六度以內，兩顆行星的力量就會彼此強化；當兩顆星彼此相差九十度（誤差度數在六度以內），兩顆星的能量就會彼此摩擦、內耗；當兩顆星彼此相差一百二十度（誤差度數在六度以內），就會形成和諧相，兩顆行星的能量得以彼此扶助，又不會互相干擾；當兩顆星彼此形成一百八十度（誤差度數在六度以內），一百八十度的對立就會帶來挑戰，它有可能會激化兩顆星的負面特質，但如果當事人的智慧夠高，一百八十度也可能從對立走上互補。

Chapter/1

本命星圖與行運星圖

行運（transit）是占星學的重要應用，因為它揭示了命運啟動的時刻表。

當我們出生在地球上，就會擁有一張本命星圖，這張本命星圖，就是專屬於我們的太陽系。但天上的星辰並不會因此而停在原地，當天上星辰繼續往前走，天上的大太陽系，就會跟我們的小太陽系產生互動。當天上的星辰跟我們的本命行星形成相位，就會像鬧鐘一樣的啟動本命行星，隨著相位的好壞，藉由外在的影響，讓我們接受各種考驗。

不過也因為天上的行運有十顆主要行星，本命星圖中也有十顆主要行星，初學者在一開始一定會感到非常混亂，所以這次我們挑了本命星圖中的月亮與金星，看看當它們遇到了行運啟動時，會有哪些生命風景。

行運的相位同樣也分為合相（零度）、九十度、一百二十度、一百八十度。相位的容許誤差相位各占星家持有不同的標準，本書的容許度數以三度以內為準，原因是三度內比較容易會有具體的事件發生，也比較不會因為容許度太寬，因而造成隨時都有一大堆行運相位出現，讓人頭昏眼花。

不過在此要提醒大家，行運不脫離本命，每個人的本命星圖，就像是一張隨著出生而附上的功課表，行運只是點出在什麼時間點，哪些功課得要交卷。所以同樣的行運相位，都會隨著當事人的本命而有所差異。舉例來說，同樣是行運土星來跟本命月亮合相，如果當事人本身就有本命月亮跟本命土星合相，又加上一顆行運土星過來壓，那可真是苦不堪言。但如果當事人本命月亮本身跟本命木星合相，當事人的內在情緒就會有點大而化之，甚至很可能缺乏金錢意識，花錢宛如沒有明天，當行運土星來合相時，剛好給了當事人適度的壓力，讓他可以在這段期間內，好好的學習財產議題。關於本命月亮、本命金星相關相位，請參考本公司已經出版的《情感的合唱：月亮、水星、金星、火星相位中的風景》。

Chapter/2

月亮與金星的家庭、情感與金錢議題

在十顆主要行星中，月亮、金星、木星這三顆星都跟金錢有關，這三顆星中，木星是社會星，它代表的是社會資源，它跟個人好惡無關。而月亮與金星都是個人行星，這兩顆星都跟情感有關，也都跟金錢有關，而且這兩顆星的金錢與情感，往往具有一定程度的關聯性。

月亮與金星分別代表情感的不同面向：月亮代表的是母性與家人般的親情，金星代表的是一種羅曼蒂克的戀愛般的感情。月亮追求的是安全感，而金星追求的是享樂，如果從金錢的角度來看，月亮相關的金錢，都會是我們日常的基本需求，而金星則是一種奢侈性的消費。沒有月亮的基本消費，我們活不下去，但如果缺乏金星，我們會活得很沒有樂趣。兩者缺一不可。

當本命月亮被行運啟動，我們就必須要面臨親情、家人、財產、房地產等等相關議題，當本命金星被行運啟動，我們就必須要面對情感、金錢、才華是否能展現等等相關議題。

當大家解析行運時，另一個常見的陷阱，就是一味的埋頭於教科書中的教條，卻忽略當事人的真實處境。例如同樣遇到行運天王星與本命金星的相位，行運天王星雖然會為本命金星的情感生活，帶來石破天驚的波瀾，但這些都會隨著當事人的年齡、性別、社會環境與家庭環境而有很大差異。尤其不能小看一紙婚約的影響，雖說現代人離婚並不是一件難事，但同樣的相位，結婚前與結婚後絕對會有所不同，男性與女性也一定會有所差異。

大家在學行運時最大的盲點，就是很容易陷入只顧行運不顧本命的陷阱。儘管行運有其法則，但行運最大的意義，其實在於啟動本命星圖。所以當我們看到了樂觀的行運木星，未必一定是好事，當它遇到了一個本性過度粗心的本命星圖，有可能釀成大禍，而當我們遇到保守、嚴肅的行運土星，它也未必是壞事，如果一個本命星圖過度樂觀的人，他能在行運土星的作用下學會務實的重要，這會對他的人生，有著莫大的幫助。

又如行運天王星會帶來無常的打擊，很多人都會因為生命中的意外而相信命運的存在，可是只有極少數的人願意相信命理、研究命理。這實在是一件很可惜的事。因為透過占星的邏輯，我們可以很快的認知到，這些都是生命中的考驗，因而願意接受這些事情，不再執著於為何這些事情會發生在我身上，不再陷入自怨自艾的處境，進而跨越這些難關。

懂得命理的知識，才可以透過這些知識，跟命運之間搭起一座知識的橋樑。例如有的人一生就是很缺桃花運，如果能夠從星圖中意識到這一點，就能很快的對此一笑置之，並且把能量用在追求其他更值得追求的領域，這樣才不會天天哀嘆為什麼別人有桃花而我沒有，白白的浪費許多精力。

知道事情的原因，有助於減少恐懼、不安與無名的慌張。了解命理未必能讓命運變好，但是了解命理可以讓人理解命運的安排。就像是颱風來臨時，如果一個人完全不知道這就是颱風的話，就會被嚇得要死，而如果一個人知道現在正在颳颱風，一兩天之後就會風平浪靜，只要屋子本身夠安全，躲在屋子裡不出門，颱風又能拿他怎麼樣？

此外，在前著《太陽行運全書》中，我曾經提到占星日記的重要。所謂的占星日記，就是請大家每一天記錄今天發生的幾件大事，日後有機會時，再來對照天文曆，看看這些日記背後，有著什麼樣的行運能量。占星日記只需要條列式記錄幾件重要的事，不需要長篇大論。原因是長篇大論往往會讓人寫了兩三天就無以為繼，而且也容易模糊焦點，當下澎湃洶湧的心情，可能根本不是重點，反而因此讓事後對照天文曆時感到混亂。

而占星日記在月亮相位的解讀上更為重要。月亮相位與太陽相位最大的不同，在於月亮常常都是內心的風景，它很可能都是在心裡面放著，不會表現出來。也因為月亮的情緒與感覺過於精細，如果不記日記，過了也就忘記了。

也因為月亮都是很細微的內在風景，所以很難跟別人分享。我們常說性格決定命運，但月亮的細微，又跟性格或命運不同，因為它往往是非常幽微的情緒，它甚至不會衍生成真正的事件，但不能說它不重要或影響力小。而占星學的厲害之處，在於如果是太陽相關的行運，還可以說是根據這個人的性格或外在的事件去推論，但月亮相關的行運，它很可能沒有外在事件，但這麼細微的內在風景，都可以從星圖中判斷出來，由此可見人多麼受到星辰影響。

也因為我們在日常生活中，就已經不斷的在面對我們的顯意識，也就是我們已經經常在觀察自己的太陽了，所以更應該花時間去觀察自己的潛意識，去多多觀察自己的月亮。

要誠實的面對自己的月亮、自己真實的反應，才比較容易找到情緒平衡的狀態。一個人要平衡自己的理智不難，但要平衡自己的情緒卻不容易，它需要不斷的磨練。而學習月亮相位，就是學習跟自己情緒相處之道。

Chapter/3

月亮

月亮是一個人星圖中最重要的陰性能量，我們每個人來到地球上，都必須依賴大地之母的滋養，而我們每個人的月亮，就是讓我們得以生存的大地之母分身。

月亮代表了母親、家人、生命中的重要女性、房地產、財產，而月亮也代表了我們的內在情緒，相對於太陽的主觀意識，月亮帶來的是一個人無法用理性說服的情緒面。

本書將要為大家講解當行運啟動本命月亮時，會帶來什麼樣的生命事件。但行運不脫本命，行運到底啟動的是怎樣的一顆月亮，至關重要。所以我們先為大家簡介一下，本命星圖中，月亮落在什麼星座、宮位是什麼意思，讓大家先對自己的本命月亮有一個簡單的概念，再繼續深究當行運啟動本命月亮時，你的月亮會有怎樣的反應。

驅動月亮的重要動力是安全感。月亮跟金錢有關，但月亮的金錢並不見得要越多越好，月亮的金錢是日常所需的金錢，每個人的日常所需有其門檻，過了這個門檻，月亮就會覺得放心，但如果沒有過門檻，當事人就會因為強烈的缺乏安全感，而想要去滿足月亮。

在情感方面也是。月亮想要的是家人般的親情，而不是熾熱的愛情。除非遇到很特殊的相位，否則行運撩撥起月亮時，當事人都會想要跟對方做家人，這也意謂著它會是一種平穩的家庭生活，差別只在於如果相位不好，這種平穩的家庭生活與家人親情，很可能會無法完成。

月亮是一顆被動之星與情緒之星，它的麻煩之處，在於情緒是一種非理性的東西，它很難被理性說服。當我們遇到月亮行運的負面相位，我們就會感受到很大的不安全感，甚至有可能讓我們感受到命運的無常。但很多人時過境遷，雖然接受現實，卻無從理解命運的邏輯，也沒有真正完全走出傷痛。這是很可惜的，從這裡我們也可以看到學習占星的重要，占星學能夠讓我們的生命擁有更高的價值與信仰，讓我們得以面對與改善自我，即使我們不能因此趨吉避凶，但至少這些價值與信仰可以幫助我們想開，可以讓我們看得更清楚。

本命月亮的星座

月亮是一個人最重要的內在情緒與潛意識，透過一個人的本命月亮落在什麼星座，可以看出這個人小時候得到的母愛是什麼樣的形式，而這個人長大以後，也會在親密關係中，也會用這樣的特質去愛別人。

月亮牡羊——月亮牡羊的人往往母親的脾氣都不好，他們從小在這樣的環境下長大，長大以後就容易在居家生活中很沒耐心，也容易生悶氣。

月亮金牛——月亮金牛的人，他們小時候母親都會是很務實的人，雖然未必很親切，但絕對不會餓到他們。他們從小在這樣的環境下長大，長大以後就會在居家生活與財務方面變得很實際，也比較不會亂花錢。

月亮雙子——月亮雙子的人童年認知到的媽媽是個萬事通，媽媽很聰明，什麼事情都知道。他們長大以後，就會變得很喜歡跟別人溝通，尤其喜歡請別人來家裡喝酒聊天。

月亮巨蟹——月亮巨蟹的童年認知到的母親，都會是比較情緒化，也比較會透過飲食來表達自己的情感的母親。從小在這樣的環境長大，月亮巨蟹也會是一個比較能夠透過飲食來與他人情感連結的人。

月亮獅子——月亮獅子的人童年認知到的母親都會是一家之主，他們的母親往往很強勢，是主導家庭生活的人。當他們長大以後，也會具有比較強的自信心。

月亮處女——月亮處女的人童年認知到的母親是個女教官，他們的母親會嚴格的督促他們，所以他們終生都會對母親有一點敬畏。而他們的內在情緒也會比較務實，居家生活也會比較嚴謹。

月亮天秤——月亮天秤的人小時候母親都會是比較注重和氣的人，所以長大以後他們也很在乎居家生活的美感與家庭的和諧——即使是表面的和諧。也就是說，他們都會是很怕家人吵架的人。

月亮天蠍——天蠍注重的是深度的情感連結，月亮天蠍的人小時候都會對母愛有一點疑慮，他們很可能會是擔心爸媽會離婚的小孩，所以對情感很看重，長大以後也會對親密關係有一種直覺，如果另一半出軌，通常瞞不住他們。

月亮人馬——月亮人馬的人母親通常都很大方、很樂觀，所以月亮人馬的人長大以後也會很大方、很樂觀，甚至有可能會過度大方、過度樂觀，財務方面很令外人捏一把冷汗。

月亮摩羯——月亮摩羯童年都會認知到母親是一個很嚴格的人，他們的母親從小就會為他們的生活打分數，不斷的督促他們長大以後必須要功成名就，所以他們的內在都很渴望成功。

月亮寶瓶——寶瓶代表跳脫現實體制的框架，月亮寶瓶的人，他們童年認知的母親，是一個跳脫框架的女性，所以他們對內在情緒與家庭的認知，也跟一般人很不同。也因此，他們有可能會選擇不同於傳統的家庭生活。

月亮雙魚——雙魚代表人與人之間的同情。月亮雙魚的人從小母親就很有同情心，也具有一定程度的藝術天分，當事人長大以後，也會心很軟，很容易同情別人。

本命月亮的宮位

星座與宮位是不同的面向。本命月亮落在的星座，代表這個人的月亮，會用這個星座的特質展現光芒，而本命月亮落在的宮位，代表這個人的月亮，會在這個宮位領域中發光發熱。

舉例來說，二宮是金錢宮，如果一個人的本命月亮落在二宮，當事人就會需要用金錢來為他帶來安全感，所以他們也都會是努力賺錢的人，而他們會用什麼方式賺錢，也會隨著月亮落在的星座而有差異。例如月亮如果在雙子又在二宮，他們就會用一種姊妹淘聊心事的方式來賺錢，如果月亮在獅子又在二宮，他們就會用跟居家娛樂、奢華享樂等獅子的方式來賺錢。

在看行運啟動本命月亮時，本命月亮落在的宮位至關重要。一個人的本命月亮宮位，說明了這個人的月亮會用在哪個領域，當行運來形成相位，不管是正面相位或負面相位，都會帶來本命月亮的能量在這個宮位中受到加強或削弱。舉例來說，如果一個人的本命月亮在二宮金錢宮，這個人的月亮能量本來就會用在跟金錢相關的領域，當行運木星又來跟本命木星合相，就等於是行運木星也進入二宮，正是當事人的二宮金錢宮受到行運木星社會挹注之時，所以本命月亮就更能在二宮大放光芒。由此可見本命月亮宮位的重要。以下文章中提到的好相位為合相（但合相必須沒有受到其他剋相干擾，否則應視為剋相）與一百二十度和諧相，壞相位為九十度與一百八十度。

月亮在一宮——一宮是個人形象之宮，月亮一宮的人外表都比較不會太陽剛，他們也比較會把情緒掛在臉上，尤其無法捱餓，如果一旦餓了，臉色就會很難看。當行運啟動一宮的月亮時，如果相位不錯，他們就會因為溫柔的形象而受益，但如果遇到負面相位，就可能會因此而遭受損失。

月亮在二宮——二宮是金錢宮，月亮二宮的人雖然不像太陽二宮這麼會主動去賺錢，但是他們只要缺錢就會沒有安全感，所以他們是用一種月亮的被動方式去追求金錢。當他們遇到行運來啟動二宮中的月亮，如果相位不錯，就可以因為手頭寬裕而情緒好，如果相位不好，就會因為金錢問題而影響情緒。

月亮在三宮——三宮是溝通之宮、手足之宮，月亮三宮的人往往跟自己的兄弟姊妹、鄰里都有不錯的關係，尤其很適合從事媒體、寫作工作，當行運來啟動三宮中的月亮，如果相位不錯，他們就能透過三宮的溝通來傳達自己的情緒，進而感動別人，如果相位不好，他們就可能會因而情緒受損。

月亮在四宮——四宮是家庭宮，月亮四宮的人永遠會心懸家庭、心懸家人。當行運來啟動四宮中的月亮，如果相位好，當事人就會因為家庭生活愉快而心情愉快，如果相位不好，當事人就會因為家宅不寧而心情沮喪。

月亮在五宮——五宮是創造之宮，也是戀愛、遊戲、子女之宮，月亮五宮的人具有一種隱含的桃花，他們雖然不會主動博取別人的關注，卻會在潛意識的作用下，吸引別人的目光。當五宮中的月亮被行運啟動，如果是好相位，當事人就會充滿戀愛般的喜悅，如果相位不好，當事人就會因為無法表達自己的情感而很失落。

月亮在六宮——六宮是工作宮，月亮六宮的人常常會是把工作當家庭、把同事當家人的人。當行運啟動六宮中的月亮，如果是好相位，他們就會覺得自己像是辦公室慈母般的滿足，如果相位不好，他們就會覺得同事們都不知好歹，因而感到失落。

月亮在七宮——七宮是伴侶之宮，月亮七宮的人都希望從合作夥伴或婚姻伴侶中得到家人般的親情。當行運啟動七宮中的月亮，如果相位好，當事人就可以因為伴侶生活中的和諧而感到愉快，如果相位不好，就會因為伴侶生活不和諧而沮喪。

月亮在八宮——八宮是他人共財之宮，月亮八宮的人都有潛意識偵測他人祕密的能力，當行運啟動八宮月亮，相位好的話，他們就可以得到他人的財富（可能是物質財富或心靈財富），相位如果不好，他們就得不到他人的財富（可能是物質財富或心靈財富）。

月亮在九宮——九宮是高等心智之宮，月亮九宮的人都會有一定程度的心繫異國、異文化或宗教，當行運來啟動九宮月亮，如果相位好，當事人會因為心智的提升而感到快樂，如果相位不好，當事人會因為心煩意亂而感到沮喪。

月亮在十宮——十宮是社會舞台，月亮十宮的人內心都有一定程度想要出名，當行運啟動十宮中的月亮，如果相位好，當事人就會因為受到社會關注而心情好，如果相位不好，當事人就有可能會被偷窺隱私而心情低落。

月亮在十一宮——十一宮是志同道合的公益之宮，月亮十一宮的人往往會擔任社交團體的母親角色。當行運啟動十一宮中的月亮，如果相位不錯，當事人就會備受眾人尊重，如果相位不好，當事人就會吃力不討好，心情也變得很差。

月亮在十二宮——十二宮是輪迴業力之宮，月亮十二宮的人往往都有一定程度感知他人能量的能力。當行運啟動十二宮中的月亮，如果相位不錯，當事人會因為靈性充滿而心情喜悅，如果相位不好，當事人就會心煩意亂、情緒低落。

Chapter/4

金星

金星是一顆個人行星。

我們每個人的本命星圖中，都有太陽、月亮、水星、金星、火星這五顆個人行星，以及木星、土星、天王星、海王星、冥王星這五顆社會、宇宙行星。

五顆個人行星分別代表了當事人性格的一部分，太陽是主觀的顯意識與人生目標，月亮是潛意識與內在情緒，水星是一個人的思考與溝通模式，金星是一個人討人喜歡的能力，火星則是肉體的行動力。

相較於海王星的靈性，金星是一顆很實際的星。如果說海王星是藝術星，那麼金星就是美術星。海王星的藝術有可能超越當代的價值觀，有可能不為當代人所了解，甚至它也可能是貧窮藝術或極限藝術，大多數人根本看不懂，或者看了以後也不覺得很美。

但金星的美學，就是一種很實用、大眾都會覺得美，它是可以在日常生活中運用的美學。

金星是一顆情感之星。

金星帶來的是一種羅曼蒂克的情感，它本身並不含算計跟道德判斷，它純粹是一種喜歡或不喜歡。很多人會誤以為火星是性，金星是愛，但這不完全正確。金星的愛也跟性有關，只不過金星不會為了性而性，金星的性一定包含了一定程度的愛情遊戲成分。很多羅曼史小說裡面寫的都是金星之愛，而不少羅曼史小說中也有性愛場景，這也說明了性愛也可以是金星之愛的一部分。

金星是一顆跟金錢有關的行星。

十顆主要行星中，月亮、金星、木星這三顆星跟金錢有直接關係。月亮追求的是安全感，跟月亮有關的金錢，往往跟日常生活開銷與安全感需求有關。金星則是一種經由才藝，其中包含了討人喜歡的方式、和氣生財態度與人緣，因而賺來的金錢。木星是社會財，它是基於社會資源、學歷、名氣、公司而賺取的錢。

金星是一顆享樂的行星。

金星既可以賺錢，也很會花錢。月亮雖然也會花錢，但月亮花的通常是基本開銷，其中大多數又跟家庭生活有關。而金星花則是一種奢侈消費，嚴格來說，金星想要花的錢都不是非花不可的錢，但金星的欲望需要被滿足，人類才會覺得生活過得有滋有味，日子才會過得有聲有色。如果少了金星，我們的生活就會變得索然無味。從這個地方，我們又再度看到金星與月亮的不同。月亮可說是一種家常菜，它具有一種媽媽的味道。而金星是談戀愛時，去高級餐廳約會吃的東西。所以月亮跟家庭、親人的情感有關，而金星跟談戀愛有關。

金星就是桃花。

金星的才藝，除了用來美化生活之外，也可以拿來活絡人際關係，因為金星能讓我們以討人喜歡的那一面來吸引人，而且金星喜歡享樂，藉由金星，我們可以合縱連橫。這種合縱連橫，用來談戀愛固然好，用來談生意也往往能夠無往不利。

本章節要為大家講解當行運啟動本命金星時，會帶來什麼樣的生命事件。但行運不脫本命，行運到底啟動的是怎樣的一顆金星，至關重要。所以我們先為大家簡介一下，本命星圖中，金星落在什麼星座、宮位是什麼意思，讓大家先對自己的本命金星有一個簡單的概念，再繼續深究當行運啟動本命金星時，你的金星會有怎樣的反應。

本命金星的星座

星座是一種本質，當金星落在不同星座，代表當事人與生俱來的美學品味——而其中當然也包含了選對象的美學品味、喜歡怎樣談戀愛，以及怎麼打扮自己的美學品味。

金星在牡羊——金星牡羊的人在美學上與情感上都直接、大方、大膽，具有一定程度的攻擊性，他們喜歡與眾不同，不欣賞含蓄與保守之美。不管是在打扮自己或在談戀愛上，他們都會勇於展現自我，不會等著對方表態而自己不行動。

金星在金牛——金牛代表了物質世界色聲香味觸的美好，當一個人的金星落在金牛，這個人就會對物質世界的美感特別有天分。金星金牛的人天生懂得什麼是好吃的東西、好聽的音樂與好看的顏色、線條。而他們在戀愛方則比較保守，但把關甚嚴，如果質感不夠，他們就會無法滿意。

金星在雙子——雙子是一個注重與人溝通的星座，金星在雙子的人不管是美學或戀愛方面，他們都很活潑、愉悅、俏皮、風趣，很討人喜歡。也因此，金星雙子常常會給人一種桃花很盛的印象。

金星在巨蟹——巨蟹講求的是家人般的親情，金星巨蟹注重的也是家人般的情感，太過戲劇性的求愛過程，有可能反而讓他們不安，他們喜歡有安全感、安靜的戀愛生活。而他們的美學品味也比較保守，大紅大綠不會是他們喜歡的品味。

金星在獅子——獅子喜歡的是戲劇性的高潮。金星獅子的人喜歡名牌，因為他們覺得名牌的好質感可以讓他們顯得更美，而名牌的昂貴才配得上他們。金星獅子在戀愛方面也很喜歡戲劇化，情人節送九十九朵玫瑰，有可能會是他們喜歡的求愛方式。

金星在處女——處女講求工匠美學。金星處女的人並不長於無中生有的創造，但他們很擅於在既定的基礎上精益求精。金星處女的人也不講求戲劇性的愛情，他們追求的是美學的精品與人類的精品，寧缺勿濫。

金星在天秤——金星天秤的人追求美學上與人際關係上的黃金比例，也因此金星天秤的人都有一點姿態，他們無法忍受美學上或人際關係上的粗魯。要跟金星天秤的人約會，去一間非常好吃卻很雜亂的店是行不通的，因為如果他們覺得醜，再好吃也沒用。

金星在天蠍——天蠍想要的是人與人之間深刻的情感連結，金星天蠍的人不管是在美學上、人際關係與財務管理上，都會比較深刻，也因此他們討厭太過膚淺的大眾文化。

也因為他們喜歡深刻的情感，所以討厭泛泛之交，也比較多疑，痛恨被人背叛。

金星在人馬——人馬追求藉由異文化的多樣性價值觀，讓眼界大開，不再侷限於個人的小情小愛。所以金星人馬的人，都會喜歡異國事物，不管在審美觀或愛情觀上都比較看得開，他們都具有一定程度的幽默感，他們也會因為具有幽默感而受人喜愛。

金星在摩羯——摩羯追求的是被社會認可的功成名就，金星摩羯的人在情感與金錢方面也很注重實際，他們喜歡被社會認可的品味，討厭毛毛躁躁的情感關係。也因為他們真心相信社會認可的價值，所以特別適合從事精品、名牌工作。

金星在寶瓶——寶瓶想要跳脫社會既定價值的框架，崇尚更為前衛、人道、獨特的價值觀，從另一個角度來看，也就代表金星寶瓶的人，他們會擁有比較古怪的美學品味與情感關係。

金星在雙魚——在雙魚眼中，人與人之間沒有界線，人與社會、宇宙之間也沒有界線，金星雙魚追求的是沒有邊際的宇宙大愛。金星雙魚的美學是一種脆弱、易碎的美學，而他們的愛情觀也是一樣，金星雙魚的慈悲，讓他們經常成為情感關係中的受害者。

本命金星的宮位

星座與宮位是不同的面向。本命金星落在的星座，代表這個人的金星，會用這個星座的特質展現光芒，而金星落在的宮位，代表這個人的金星，會在這個宮位領域中發光發熱。舉例來說，十宮是一個社會舞台，如果一個人的本命金星落在十宮事業宮，他的金星就會在社會舞台上發光發熱，讓社會大眾看到這個人金星的美好的一面，所以金星十宮出了很多明星。而同樣都是金星十宮，這個人的金星落在什麼星座，就代表他會用怎樣的特質博取大眾目光，例如金星十宮牡羊的人，他們會用一種大膽而直接的方式吸引大眾目光，如果金星十宮落在金牛，這個人就會用一種金牛型的古典美人形式，來吸引大眾目光。

在看行運啟動本命金星時，本命金星落在的宮位至關重要。一個人的本命金星宮位，說明了這個人的金星會用在哪個領域，當行運來形成相位，不管是正面相位或負面相位，都會帶來本命金星的能量在這個宮位中受到加強或削弱。舉例來說，如果一個人的本命金星在十宮事業宮，這個人的金星能量本來就會用在事業舞台，當行運木星又來跟本命金星合相，就等於是行運木星也進入十宮，正是當事人的十宮受到行運木星社會挹注之時，所以本命金星就更能在十宮大放光芒。由此可見本命金星宮位的重要。以下文章中提到的好相位為合相（但合相必須沒有受到其他剋相干擾，否則應視為剋相）與一百二十度和諧相，壞相位為九十度與一百八十度。

金星在一宮——一宮是一個人的外表特質，金星一宮的人通常都會是五官端正的美人兒，他們也很勤於保養，讓自己展現美好的樣貌。當一宮的金星被啟動，當事人就會對保持自己美好外貌這件事，覺得更如魚得水或變得困難。

金星在二宮——二宮是金錢宮，金星二宮的人如果從事跟美有關的工作，就會因為他們的美感與人緣而獲得金錢。當二宮的金星被行運啟動，如果是正面相位，當事人就更能在展現金星的美感而賺更多錢，如果是負面相位，就可能會賺不到錢或變得很愛亂花錢。

金星在三宮——三宮是手足、鄰里與大眾媒體之宮。金星三宮的人不管是在手足、鄰里之間都很受大家喜歡，如果從事溝通與大眾媒體工作也會很受歡迎。當三宮中的金星被行運啟動，如果是好相位，當事人就會更受身邊的人喜歡，如果是負面相位，當事人就會難以在生活中施展魅力。

金星在四宮——四宮是家庭宮，金星四宮的人都很喜歡美好的家庭生活，他們往往會是那種喜歡請別人來家裡交際應酬的人。當四宮中的金星被行運啟動，如果是正面相位，他們的家庭生活就會更快樂，如果是負面相位，他們的家庭生活就會遇到很多壓力。

金星在五宮——五宮是創造之宮，金星五宮的人都很討人喜歡，如果當事人是女性又有小孩，他們就是喜歡穿著母子裝一起出門的人。他們如果從事創作工作，也會很受歡迎。而當他們遇到行運來啟動五宮中的金星，就有可能會更受歡迎，或者壓力變得很大。

金星在六宮——六宮是工作宮，金星六宮的人喜歡美好的工作環境，當他們遇到行運啟動六宮中的金星，當事人就會在工作上更受人喜歡，如果遇到的是壞相位，他們就容易在工作中感到不愉快。

金星在七宮——七宮是伴侶關係宮，金星七宮的人都喜歡美好的伴侶關係，他們有可能是喜歡美麗的另一半，也有可能會跟別人合夥一起從事跟美相關的行業。當七宮中的金星被行運啟動，如果是好相位，他們就可能會在伴侶關係中感到喜悅，如果是負面相位，他們的伴侶關係就容易遇到困難。

金星在八宮——八宮是他人共財之宮，金星八宮的人往往可以用金星的好人緣來得到他人財富，如果當事人從事的是保險相關工作會很有利。當行運啟動八宮中的本命金星，如果是好相位，當事人就會財運很好，如果是負面相位，當事人就容易會在財務方面遇到一些問題。

金星在九宮——九宮是高等心智之宮，金星九宮的人容易有異國緣，他們在日常生活中有會有獨特的美學品味。當他們遇到行運來啟動九宮中的金星，如果遇到的是好相位，他們就容易因為一些跟異國或跟品味有關的事被人讚賞，如果是負面相位，他們就容易因為自己的美學品味而遇到困難。

金星在十宮——十宮是事業宮，金星十宮的人往往會因為自己的美好而在社會舞台上發光。當行運啟動十宮中的金星，如果相位好，當事人就有可能在社會上大放異彩，如果相位不好，當事人就有可能在社會舞台上遇到一些困擾。

金星在十一宮——十一宮是志同道合的同道之宮，金星十一宮的人通常都在社交場合很受人歡迎，當行運啟動十一宮中的金星，如果是好相位，當事人就會更受歡迎，如果是負面相位，當事人就會在社交生活中感到困擾。

金星在十二宮——十二宮是輪迴業力之宮，金星十二宮的人這輩子追求的，通常不是世俗之愛，而是靈性之愛。當行運啟動十二宮中的金星，如果相位不錯，當事人會感受到靈性之美，如果相位不好，當事人就會因為無法滿足的情感而受苦。

PART

2

行運外行星對本命月亮的影響

在占星學中，木星、土星、天王星、海王星、冥王星這五顆星為外行星。木星與土星是社會星，木星帶來社會資源，而土星代表社會現實帶來的壓力，這兩顆星都跟社會當下的情況、潮流與規範有關。

而天王星、海王星、冥王星是宇宙星，這三顆星既不是個人喜好，也不是社會規範、社會潮流，它是一種更大的宇宙意識，它會帶來很大的影響，但是當下可能大家都無法說出原因，要等到很久以後，可能後人才會歸納出「這是天王星的世代創舉」或「這是海王星的世代夢想」或「這是冥王星的集體渴望」。

而在這五顆外行星中，土星與冥王星是業力星，而木星、天王星不是。而海王星雖然跟前世有關，但它與現實無關，所以行運海王星的相位可能帶來內心的波濤洶湧，卻未必會在現實生活中上演。

常看星圖的人會發現，星圖中的好事比較不容易發生，而壞事比較容易發生。原因在於好事多半跟木星、天王星有關，而壞事通常跟土星、冥王星有關。木星與天王星要發生好事，必須仰賴當事人主動去做、去學才會發生；而土星與冥王星光是放在那邊，就已經會因為前世業報而產生負面影響。

每一顆行星都有低階與高階能量，土星、冥王星也不例外。土星往上發展，可以用來追求人類共通的社會價值，但如果只放在個人身上，就會成為一種個人生活上的限制。而冥王星可能帶來徹底的毀滅，但冥王星也可以從毀滅中學會新生。

當行運啟動本命月亮，都代表外界事物觸動了我們的本命月亮，讓我們的月亮相關事物——有可能是家庭、親情、潛意識、房子、財產——隨著行運相位的好壞，而有正面或負面的影響。如果遇到的是好相位，固然會帶來資產、親情、安全感的滿足，但即使遇到的是負面相位，負面相位會壓制、摧毀、危害我們的資產、親情、安全感，我們依然可以從負面相位中學到許多資產、親情、安全感的寶貴議題，進而改變靈魂，讓我們在日後的生命之路走得更妥當。

但很可惜，大多數人在遇到行運帶來的負面相位時，都只是忙著怨天尤人，等到相位過去，一切又恢復原狀，靈魂絲毫沒有獲得成長。這麼一來，行運剋相的苦就白受了。

Chapter/1

行運木星對本命月亮的影響

每個人的生命，各有不同的格局，也各有其不同議題。

我們在生命中一定要有一個更高的信仰，從這個信仰出發，從而改善、調整我們的星圖。即使未必真的能完全做到，但是會比較容易想開。

在人生中，並不是只有占星學就夠了，占星學是一張生命地圖，它只是一種讓我們發現生命配備的一種工具罷了，更重要的是我們必須要有能夠超越星圖的價值觀，藉由人生的價值觀，我們得以面對星圖中的種種變化。其中包括了木星的價值觀，也就是正向思考、信仰、對人寬大的意願。在本命星圖中，如果木星相位不錯，他們都會比較寬大、比較慈悲，也比較願意鼓勵他人、容忍他人。

我自己一直要到四十歲以後，才學會對人寬大、對人溫柔的美德。世界上討人厭的人事物何其多，雖然我們不免會希望世界上沒有任何讓我們不順眼的人事物，但不表示我們不能用寬容的心態，來包涵世界上與我們價值觀不同的各種事物。

我先生是一個本命木星與本命月亮一百二十度的人，我從很早就發現，他對世間各式各樣的人事物，具有特別寬大的心胸。例如他以前在電視台工作時，工作上合不來的同事，或者別人出了問題害他連帶倒楣之類的事情不少，當下雖然也會非常的不高興，可是過了一兩年之後，再遇到這些人，他就能夠真的完全釋懷。甚至我問他為什麼不會對這些人生氣，他會反過來問我為什麼要生氣——因為他真的已經完全忘記對方以前做了什麼對不起他的事。他並不是記性不好，他對很多小事都可以記很多年都不忘，但他不會記恨。他有一次開玩笑說，如果他是一個很愛記恨的人，就不會跟我在一起了，因為我剛跟他認識的前五年，得罪他的地方簡直是罄竹難書。我也常覺得我這輩子最大的好運，並不是我擁有才智或者擁有很不錯的家人，而是我碰到一個非常好的先生。

行運木星平均每十二年走一圈，平均一年走過一個星座。所以平均我們每十二年，就會遇到行運木星與本命月亮合相與一百八十度各一次，每行運木星與本命月亮一百二十度兩次，行運木星與本命月亮九十度兩次。

當行運木星跟本命月亮形成相位時，行運木星就會帶來社會資源與樂觀的態度，讓我們有寬大的心胸，得以往前邁進。當我們遇到行運木星與本命月亮相位時，不管相位好壞，我們都會變得很寬大——尤其是九十度或一百八十度剋相，剋相反而會讓我們變得更寬大，結果因為過於放縱而受害。所以當我們遇到行運木星與本命月亮的負面相位時，反而要保持一些理性，不要亂花錢。

木星是一顆吉星，當行運木星與本命月亮形成相位，這個時候當事人不管是對別人或者對自己都會很好，當事人都會很有福氣，原因在於對別人好，其實就是對自己好。這就是行運木星帶來的正向循環。

▼行運木星與本命月亮合相

這段時間都會是當事人感覺比較正面思考，比較容易有安全感的時候。不少人會在這段期間得到外界的幫助，也有不少人會在這段期間去買房子或投資新的房地產。

行運木星與本命月亮合相落在什麼宮位，會有不同的影響力。我自己的行運木星與本命月亮合相，由於我的本命月亮落在三宮寫作宮，那個時候我剛從倫敦回台灣不久，就在那一個月裡面，我很快的寫完了第一本占星書——乍聽之下很快，但是木星行運走得很快，所以我沒辦法每個月都寫占星書，相位一過去，我就很難定下來好好的寫書。

木星的相位有可能會是物質的，也有可能會是精神的。以物質方面來說，很多人會在行運木星與本命月亮合相時，會有一些意外的收入，會因為各種原因覺得自己的資源變多，容易得到外界之利。也因為月亮與房地產有關，所以很多人會在此時因為房地產增值或買賣房地產而獲利。

▼行運木星與本命月亮九十度

行運木星的九十度剋相，會讓當事人在這個時候過度大膽，喜歡亂投資，很容易搞不清楚現實狀況。如果一個人想要買房子，最好不要在行運木星與本命月亮九十度時買，因為這個時候一定會因為過度大膽而買貴。

最好的買房子時機，除了行運冥王星與本命月亮出現好相位時，還有行運土星與月亮出現好相位時，也會是買房子的好時機。因為不管是行運土星或行運冥王星都具有強烈的現實性，當它們跟月亮形成相位時，當事人會比較理智，因而不太會大膽的去做不當投資。

我在行運木星跟月亮九十度時買過房子，也在行運土星與月亮一百二十度時買過房子，行運木星跟月亮九十度時買的房子買得很不划算，因為當時行運木星會讓你因為過度樂觀而誤判情勢。在行運木星與月亮九十度時，我以為當時的房價已經很低，已經很值得買，結果買了以後，房市又繼續跌了三年，遠比我買房時更低。

▼行運木星與本命月亮一百二十度

隨著本命月亮落入的不同宮位，當行運木星與本命月亮一百二十度時，當事人都會在這段時間感到很愉快，尤其會在月亮落入的宮位領域格外明顯。

有的人會在這個時候從母親或妻子身上得到財產，或者因為身邊的重要女性而獲得資源。木星是一種社會資源，行運木星與本命月亮的一百二十度相位，意謂著這個時候會有一個外在的社會資源，透過一個身邊的重要女性，將資源投放在你身上。

隨著本命月亮宮位的不同，當事人會在這個時候常會跟身邊的重要女性，發生跟宮位相關的重要關係。我在行運木星與本命月亮一百二十度時，開始跟一個多年好友合作，由她出資，由我執行，醞釀出「南村落」這個推廣文化的組織。我的月亮在三宮，「南村落」本來就是一個推動城市文化的鄰里組織，符合月亮三宮的主題。

▼

行運木星與本命月亮一百八十度

這個時候當事人很容易因為不小心，因而對財務做出錯誤判斷。如果一個人在這個時候去買股票，一定會跌得很慘。當行運木星與本命月亮一百八十度時，當事人會對投資、投機有過度信心。我有一個住在倫敦的朋友，他在倫敦房市跌價前一年買了房子，結果不久之後，房市就開始跌價。

不管行運木星與本命月亮出現什麼樣的相位，基本上當事人在那段期間都會覺得很快樂，對於本命星圖中土星很強的人來說，當他們遇到了行運木星相位，即使是九十度或一百八十度的負面相位，都應該要好好的把握。

只要不要去做太大的投資，其實就算是負面相位，也會有很好的幫助。因為行運木星相位會讓他們變得比較放鬆，對於本命土星太強的人來說，即使遇到的是行運木星的負面相位，這個時候他們很可能會比較做自己，比較大膽的去買兩件平常根本不可能買的衣服，想去吃點好東西，想要放下工作跑出去玩，光是這件事，都會讓他們的生活鬆綁。

Chapter/2

行運土星對本命月亮的影響

行運土星會帶來嚴格的現實考驗，它會讓人用嚴格的眼光來審視自己。

行運土星每二十九年半走一圈，也就是說，每隔七八年，行運土星都會跟本命月亮出現合相、九十度或一百八十度相位。如果一個人本身月亮就有許多剋相，每隔七八年遇到行運土星的挑戰時，就會格外憂鬱，格外無法釋懷。（關於本命星圖的月亮相位，請參考已經出版的《情感的合唱：月亮、水星、金星、火星相位中的風景》。）

其中又以本命星圖中本身月亮與土星或月亮與冥王星合相或有九十度、一百八十度剋相的人更為嚴重。舉例來說，如果一個人本命星圖中本身月亮就已經跟土星九十度，當他遇到行運土星跟本命月亮合相，同時就會又與本命土星九十度。過了七八年，行運土星與本命土星合相，同時就會又與本命月亮九十。又過七八年，行運土星與本命月亮一百八十度，同時又與本命土星九十。又過七八年，行運土星與本命月亮九十，同時就會又跟本命土星一百八十度。又過七八年，行運土星再度與本命月亮合相，同時又會跟本命土星九十度。由此可見月亮的本命相位的重要性。

我認識一個製作人，她的本命月亮與本命土星九十度，但是因為她的上昇落在熱情開朗的人馬，所以沒有人察覺她有這方面的問題。我看了她的星圖，問了她之後才知道，原來她從小父母離異，她一直跟著父親過生活，而她從小也有一些憂鬱症的症狀，只不過她憂鬱的時候會躲著人，所以根本沒有人知道。還好她有幾個很要好的姊妹淘，而且她有意識到自己的確有憂鬱症的傾向，所以凡是覺得自己又快要陷入情緒的低谷時，她就會叫她的姊妹淘帶她出去瘋狂的玩幾天，讓自己不要一個人獨處，不要讓自己情緒低落。

所以我建議她每隔七八年，遇到行運土星與本命月亮九十度、一百八十度剋相時，就先出國躲一陣子。由於她在美國有親戚，所以後來她遇到行運土星的合相或剋相時，就躲去美國住一陣子。這招真的有效，不過，最有效的只有剛去的兩三個月，過了兩三個月之後，壓力又會重新上身，這個時候她就會再躲回台灣，又可以得到兩三個月的舒緩。就這樣躲來躲去躲了大半年，行運土星與本命月亮的剋相，也就被她躲過了。據她告訴我，這是她這輩子度過憂鬱低潮期最舒服的一次。

但這也是因為當事人本身資源很充足，足以讓她可以台灣、國外兩地跑，一般人很可能沒有這樣的經濟能力，不能一視同仁都用這種方法。對於一般人來說，當大家遇到了行運土星與本命月亮的負面相位，如果願意認知這些都是因為行運而帶來的人生低潮，會對心理建設很有正面幫助。因為當事人比較不會覺得一切都是自己的錯，進而不想要去面對這些問題。行運土星就像是一個惡魔，當一個人可以認知到一生中會有某一些時間，會有惡魔上門的話，不管是想辦法逃避，或者是主動應戰，都能夠更有效的解決這個問題，也才不會一味的鑽牛角尖。

行運土星與本命月亮的負面相位，最麻煩的地方，在於當事人常常會否認自己已經深陷憂鬱，而且很容易會在這段期間鑽牛角尖。如果當事人認為自己鑽牛角尖與情緒低落都是對的，這樣就很難走出憂鬱深淵。

以我自己為例，儘管我的本命月亮跟本命土星之間沒有剋相，但是我的本命月亮跟本命冥王星有一百八十度剋相，當行運土星跟我的本命月亮合相時，就會同時跟我的本命冥王星一百八十度。在一九九四年行運土星與我的本命月亮度數最接近時，原本住在倫敦的我，告訴先生我需要休息，於是自己跑到了布達佩斯，待了兩個多月，期間先生從倫敦來看了我一次，等到我回到倫敦時，周圍的朋友們都很高興，因為我先生一個人待在倫敦時很不快樂，周圍的朋友們還以為我們打算分手。雖然我先生不快樂，可是我自己非常需要有這麼一段時間來獨處。在布達佩斯的兩個月，我每天都在寫日記、看占星書，這段時間可說是我學占星出師的重要關鍵。我在布達佩斯時，可以說把我的人生與占星學完全連結在一起，利用占星學，將我從小到大的人生歷程完全想通。

每個人修習靈性課題的方式都不同，有的人會閉關打坐，我在布達佩斯則是洗溫泉與研究占星。布達佩斯跟我小時候住的北投非常相似。布達佩斯的山丘起伏，而北投的山丘也不少。布達佩斯是歐洲的溫泉之都，我當時住的地方不遠，就是一個歷史非常久的溫泉老旅館，而我小時候住的地方，不遠處也是一個非常知名的溫泉老旅館。布達佩斯在一九九四年還沒有現在這麼多的觀光客，因此街頭商店都還很老派，店頭販賣的地球牌橘子汁、好時巧克力、麗仕香皂等等，也非常像我小時候委託行常見的舶來品。

即使是像我這麼樂觀的人，當行運土星跟我的本命月亮合相的那幾個月，都是我人生中少見的情緒、生活、親密關係的低潮。不過有時候人生中的低潮未必會是一件好事，例如身為一個作家的我，低潮有利於寫作。整天嘻嘻哈哈的人不太有機會深思，也就寫不出深刻的稿子。追求靈性的人也需要低潮，否則他不會去面對靈性深刻的問題。同樣的，學占星也需要低潮，我在行運土星跟我的水星合相的那幾個月，可能是我學占星獲得最大突破的臨門一腳。那個時候收起對生活的玩興，每天從早到晚都在思考占星學的問題，把從小到大的日記找出來，把多年來發生的事情找出來，把多年來認識的人想過一遍，這對我日後產生了很大的影響力。這種情況很像是閉關打坐，只是我靠的是思想來打坐。

每個人每隔七八年，都會遇到行運土星與本命月亮相位的壓力，儘管壓力大小會隨著本命月亮本身的相位好壞而有差異，但我們都不應該輕忽行運土星帶來的影響。尤其對本命月亮相位不好的人來說，事前的心理建設，與允許自己逃脫的心態，都有助於讓自己安度這段時間的龐大壓力。

▼行運土星與本命月亮合相

當我們遇到行運木星的負面相位，只要不是去投資、做生意，而是用來寵愛自己的話，其實不會有太大的後遺症，而不管木星相位好壞，它通常都會帶來快樂，儘管負面相位帶來的快樂很可能只是沒有實質效應的虛榮，它依然會帶來快樂。土星就不同了。對於本命星圖中木星相位太強（比如木星與太陽月亮有相位，或者木星本身有好幾個相位）的人來說，他們會非常需要行運土星相位的幫助，行運土星相位可以說是一種重新的洗禮，它會讓人用非常嚴苛的方式來檢視、審查、批評自己。也因此，通常行運土星跟本命月亮合相時，當事人都會有一種輕微的憂鬱。

如果當事人的本命月亮受剋，例如當事人的本命月亮本來就已經跟本命土星有九十度剋相，當他們遇到行運土星又來合相時，情況就會比一般人嚴重很多。對於月亮本身有本命土星剋相的人來說，當他們遇到了行運土星的合相或剋相時，最好求助於專業的心理醫師，因為這個時候他們遇到的不只是心情有點不好而已，他們會在這個時候覺得心情非常低落，覺得人生不值得活，甚至會有自殺的念頭。

有的人為了失業自殺，有的人為了失戀自殺，也有人因為破產自殺。但是不管是失業、失戀或破產，嚴格來說都不是自殺的真正原因。一個人會自殺，是因為他不想再活下去了。失業、失戀、破產的人何其多，這些事情是讓人自殺的觸媒，但除非這個人不想活下去，否則這些事情都不會讓人想自殺。本命月亮與本命土星九十度的人，當他們遇到行運土星跟月亮合相或出現九十度、一百八十度時，都必須要特別小心，因為隨著行運土星的度數越來越接近，他們會越來越憂鬱。我認識一個本命月亮與本命土星九十度的年輕朋友，他有一次被留級，他就差點從橋上跳下去自殺，還好被身邊的朋友拉住。我仔細的問了他當時的狀況，他說其實他也不清楚，只知道當時忽然有一股衝動，就像要從橋上往下跳，想要一了百了，把人生給結束掉。

當行運土星與本命月亮合相，即使本命月亮本身沒有任何剋相，當事人在這個時候也會比較面對現實，比較不那麼大膽，也會比較願意嚴以律己，尤其是願意用比較務實的態度，去面對跟母親之間的關係，以及親密關係中的課題。

很多人會在行運土星與本命月亮合相時，覺得自己既有的親密關係有一點冷淡，如果這段親密關係的本質是健康的，就能夠安然度過行運土星與本命月亮合相的考驗，可是如果這段親密關係本來的體質就不夠健全的話，行運土星合相月亮會讓當事人非常想要停止這段關係，讓這段關係告一段落。

行運土星跟本命月亮合相最重要的任務，是讓我們去反省、評估自己的情感與親密關係。我自己在行運土星與本命月亮合相時，獨自一個人從倫敦跑去布達佩斯。倫敦的冬天是有名的陰鬱，又加上行運土星與本命月亮的合相，連我這麼開朗的人都無法承受。當時我先生在倫敦忙著趕論文，我一個人跑去布達佩斯住了一陣子。

遇到行運土星與本命月亮的合相或剋相，我發現一個很有效的良方，就是離開當地，去遠方旅行。原因在於當經緯度改變的時候，星圖的宮位也會隨之改變。行運土星跟本命月亮的剋相，必然會顯現在當事人月亮落入的宮位領域內出問題，一旦當事人離開了當地，雖然問題未必能夠解決，可是當事人只要一離開，由於宮位變動，問題會顯得不那麼嚴重，壓力也會減輕很多。

▼行運土星與本命月亮九十度

在探討行運土星與本命月亮九十度前，我們先來談一談本命土星與本命月亮的九十度剋相。本命月亮與本命土星九十的人，多半都有跟母親相處上的困難，他們在童年跟母親的相處上都曾經遇到一些問題，諸如母親遇到嚴重的事件而無法照顧子女，或是母親個性冷酷，或者母親沒有能力照顧子女。對於男性的當事人來說，如果本命月亮與本命土星九十度，他們這一生都容易跟身邊的重要女性，例如母親、妻子或女朋友出現相處上的問題，因為他們很難對別人付出感情。感情其實就像是銀行存摺，當一個人從小就沒有從母親那邊得到足夠的母愛，母親沒有在這個人的情感帳戶中存進足夠的感情，這個人長大以後，能夠在親密關係中付出的情感就會很有限。對於女性的當事人來說，童年跟母親的相處困難，會讓她們對自己過度嚴苛，長大以後就容易憂鬱症上身。

對小孩來說，父母的愛很重要，而其中又以母愛為更重要，因為母愛會是這個人情感帳戶的主要存款。一個人從一兩歲就在情感帳戶中獲得大量的母愛，它是會生利息的，如果存入的情感夠多，很可能一直到他七八十歲都用不完。如果從小當事人得到的愛很少，長大以後很可能三兩下就用光了，他們就會很難在情感上付出。

我認識一個本命月亮與本命土星九十度的年輕男孩，在他身上展現出各式各樣月亮土星九十度剋相的特質。他家從事肉販行業，小時候母親因為忙於生意而無法照顧他，所以讓別人來寄養，一直到五歲多才接回家。他被寄養在一個六十幾歲的老先生、老太太的家，對他來說，除了這對夫妻很老之外，實在沒有什麼其他的印象，當然也不記得老夫妻有沒有陪他玩，或是跟他很親近的回憶。五歲多接回家之後，由於父母的工作需要早上三四點就得出門，中午回家。所以當事人整個童年都處於必須自己照顧自己的狀況，早上自己起床、自己上學，直到長大成人。土星本身跟現實環境的缺乏有關，也跟老人有關，而土星的現實也等同於無趣，一個小孩跟著六十幾歲的老夫妻長大，當然會覺得很古板、很無趣，也很匱乏。而本命月亮與本命土星九十度剋相也常會反映在身邊的重要女性身上，我問他母親是不是也有一些憂鬱症的傾向，這才發現，原來他母親有一次在絞肉時，一個不小心絞掉了三根手指頭，從此之後就一直很容易情緒低落。由於小時候缺乏親情的滋養，長大以後這個男孩就成了一個不懂得什麼是親密關係的人。儘管他的外在條件很好，親密關係卻難以長久，原因就在於他從小沒有學會什麼是親密關係，長大以後就很可能不懂得要怎麼維繫親密關係。

行運土星與本命月亮九十度剋相，它與本命土星與本命月亮的差別，在於行運土星帶來的是一種情境式的壓力，它會隨著行運的度數而有影響，度數越近，壓力就越大。而隨著度數的遠離，行運土星的影響力也會逐漸消失。但我們會在這段期間，體會到土星與月亮九十度是怎麼回事。

前面提到，本命月亮與本命土星九十度的人，即使他們自己有憂鬱症，別人也未必看得出來，甚至連他們自己也不肯承認。而行運土星與本命月亮九十度剋相也有相同的危機。對很多平常還算開朗的人來說，他們可能會在這段期間經歷心理的低潮，可是卻不知道自己遇到了低潮，因而怪罪自己，覺得一切都是自己的錯——但其實不是你的錯，而是行運土星帶來的負面影響。此外，平常我們日常過生活時，並不會把月亮晾出來給別人看，當我們遇到行運土星與本命月亮時，往往其他人並不知道當事人遇到了低潮，所以也無法及時提供援手。

行運土星與本命月亮九十度要分成兩種：一種是本命月亮原本就有剋相，尤其是原本就跟本命土星或本命冥王星合相或九十度、一百八十度剋相最為嚴重。另一種是本命月亮本身並沒有剋相。這兩種人遇到行運土星剋相的應對方式，會有一些不同。

對原本月亮就有剋相的人來說，他們原先就比較容易憂鬱或情緒不穩，當他們遇到行運土星又來剋時，就會格外難熬。所以對原本月亮就有剋相的人來說，最好在行運土星來剋之前就先做好心理準備與財務準備，不要給自己太多壓力，這樣比較容易安度土星剋相難關。

而對原本月亮沒有剋相的人來說，他們也同樣會面臨行運土星對本命月亮帶來的情感受挫、財務緊縮問題，但因為他們平常並沒有這類問題，所以反而不知道應該怎麼應對。所以必須要先正視這個問題，不要忽視自己不愉快的徵兆，並且要能適度跟別人求援，這樣會比較容易安度行運土星的壓力。

尤其對女性來說，行運土星與本命月亮九十度時，往往也有可能會是婆媳問題壓力最大的時間，因而在這段期間請務必放過自己，能避則避，不要在這段期間應付太多的人情壓力。

▼行運土星與本命月亮一百二十度

當行運土星與本命月亮一百二十度，這是一個會用最理性的態度來看待資產與親密關係的時間，此時做事與生活上也會非常理性，不管是面對工作或生活，都會非常小心。因此不管是想要買房子或賣房子，這都會是一個很好的時機，因為當事人在這段時間絕對不會有投機心態，不會粗心大意，可以兼顧實用（土星）與舒適（月亮）。

我自己遇到行運土星與本命月亮一百二十度時，都是我在工作上安排得很理性、很平衡的時期。之前我先生在倫敦念書時買了房子，回台灣幾年以後，覺得應該要將倫敦房產脫手，結果就在行運土星與本命月亮一百二十度時賣到了好價錢。雖然並不是賣到最高的價格，卻賣到一個還不錯的價格，而再過幾年倫敦房價就暴跌，連賣都賣不掉了。這也是行運土星和諧相的優點，它未必帶來最高獲利，但是落袋為安，它會務實穩當的帶來一個合理的利益。

人生中的很多安排，都應該要以是不是適合你做為標準，而不是以現實中最好的時機為取決標準。現實中的最好時機，很可能不是你的最好時機，如果那個時候你很忙，或者沒有遇到好的對象，你很可能就會完全錯過好時機。所以我們在做任何安排時，千萬不要過度在乎去追求最有利、最高點。如果一個人只能在最低點或最高點買賣股票的話，他這輩子大概會完全買不成股票了。只有最適合，而沒有最高點或最低點。

月亮與房地產、房子有關，行運土星與本命月亮一百二十度，會是我們跟別人做生意考慮最周到的時候，所以很利於簽約、賣房子。而行運土星會想要讓人安定下來，所以也是一個很適合買房子的時機。

▼行運土星與本命月亮一百八十度

對於本命月亮有剋相，尤其是本命月亮本身跟本命土星有剋相的人，當他們遇到行運土星又來剋時，就會是多重受剋，需要格外小心。

月亮代表生命中的重要女性，行運土星與本命月亮一百八十度時，常常意謂著當事人不分男女，他們會在這段時間，跟重要女性發生親密關係的困難，也容易在這段期間經歷離別之苦。行運的一百八十度剋相，會讓當事人因為某些外在因素，因而不想持續維持一段親密關係。

一九七八年時，我遇到了行運土星與本命月亮的一百八十度相位，而我也在那段時間跟當時的男友分手。當時他還在念醫科，是一個僑生。他的父親跟我的父親是江蘇同一個村莊的同鄉，兩個人從小一起長大，儘管不是真的指腹為婚，但是的確略帶一點這樣的意味。我父親由於比較早逃來台灣，身上帶的錢比較多，所以來台灣一直過著好日子。他的父親由於太晚離開，幾乎身無分文的逃到香港，所以他小時候家中非常窮，有一陣子還住在工廠裡，可是後來努力存錢，又在香港房市狂跌時買入一些房地產，不久後香港房市大漲，他們也就此翻身又成為有錢人。他來台灣念到大三時，家裡長輩幫他安排相親，事實上原本我並不是相親的對象，只是陪同出席而已，但是我跟他之間有許多星圖中的緣分，因此他對還在讀高中的我很感興趣，結果反而搓合了我跟他，也因為兩家是世家，所以甚至還論及婚嫁。我對他的感情也很複雜，我們之間有很強的家人情誼，可是愛情的成分並不高。後來我上了大學，遇到了行運土星與本命月亮的一百八十度對立，這個時候我開始跟別的男生交往，土星也代表年紀比較大的對象，我在此時交的新男友，年紀大了我十九歲。於是跟前男友分手。分手當然情緒不可能很好，這也應證了行運土星與本命月亮剋相的情緒低潮，不過我直到今天，都覺得跟他分手是一件正確的事。原因在於這個男人是一個非常傳統的老式男人，如果真的跟他結了婚，很可能會毀了他也毀了我。雖然當年我提出分手，反而後來一直都保持了很好的朋友關係，直到現在彼此都還會繼續聯絡。照他的說法，他覺得我們有緣無分，而照我的說法，我們彼此不適合。

對很多男性來說，行運土星與本命月亮一百八十度時，有可能會反映在這個時候喜歡上了一個年紀大他很多的女性。不過也因為土星與月亮這兩顆星都跟業力有關，不管是在這個時候愛上一個年紀大很多的人，或者反映在親密關係的困難，這些都代表著業力的影響。

在行運土星與本命月亮一百八十度時，很多人會感覺到跟身邊的人有距離，當事人有可能會結束一段舊關係，但未必會開啟一段新關係。行運土星與本命月亮一百八十度時，行運土星帶來的絕對不是簡單的男女之情或性愛之情。土星與月亮的一百八十度剋相，往往跟前世未完成的父愛、母愛議題有關。土星這顆業力星會帶來責任，卻不會帶來佔有欲。我在行運土星與本命月亮一百八十度時交往的前後男友，包含了念醫科與比我大十幾歲的這兩個人，我跟他們之間都沒有激烈的佔有欲。

在交往期間，我非常奇怪的毫無任何嫉妒心，用出奇理性、成熟的態度來談這場戀愛。後來我離開台灣，也離開了這段戀情。我跟他在一起七八個月，這七八個月可說是完成了一份完全無法解釋的緣分。我在完成這段緣分的過程中完全沒有佔有欲，它跟金星、火星的性愛本能完全不同。這段期間，當事人可能會感覺到一種懷舊、一種牽連，可是它不會是一種激情。

行運土星與本命月亮一百八十度造成當事人與他人之間的距離感，有可能會在兩三個月之後，隨著相位結束而結束，對於不懂占星、不懂人生的人來說，他們很容易將這些生命中的風景當成永恆不變的事物。對於從來沒有遇過颱風的人，在狂風暴雨颱風來臨的那一兩天，一定會以為世界末日要到了，可是對於每年都會遇到颱風的我們來說，颱風來臨時，不但不會恐慌，甚至有可能會因為可以放颱風假而有點高興，颱風來了雖然不能出門，但是更可以藉著這個機會，在家喝喝茶、看看書，反而可以趁機休息一天。

等到一兩天後颱風過去，出門又是風平浪靜。人生也是一樣，有的時候我們會在人生中遇到一些不平順的事情，遇到一些無法解釋的低潮，有可能會跟別人產生口角與誤解。但這些風波有可能不過是三五天或一個禮拜的風暴罷了。當你遇到了這樣的內心風暴時，務必要能認知到這些都不過是一場人生的風景，面對風景最好的方式，就是別輕舉妄動。例如我們如果看一個人不順眼，千萬不要趕在能量最緊繃的那一兩個禮拜去找人吵架。

多年來我對自己一直有這樣的規定，我也常建議別人這麼做：當我跟別人產生很大的不愉快時，先忍一個月，如果過了一個月還是很想跟對方吵架的話才吵，畢竟如果是很嚴重的爭執，想要跟對方大翻臉的話，不差這一個月。

但這一個月的緩衝時間，往往會造成很大的差別，因為大多數這類的爭執，過了兩個禮拜之後就雨過天青。有時候我們跟很親密的親人或朋友鬧翻，多半是一些不該跟別人起衝突的時候，跟別人大吵一架。簡單來說，當你最想跟別人起衝突時，就是你最不該跟別人起衝突的時候。這個時候你會忍不住罵人，忍不住跟別人吵架，忍不住跟別人翻臉，這些事後都會留下遺憾，讓你感到後悔——如果你當下沒去吵那場架，你會發現，過了兩個禮拜以後，你很可能會完全不想去吵這個架。

所有行運中的行星，每天都會不停的移動，儘管它們會對我們的本命星圖不斷的造成不同的影響，可是我們不需要像是魁儡一樣完全任由行運擺佈。但這並不意謂著我們可以假裝行運不存在，完全置之不理，這樣也行不通。

依我的經驗來看，一個完全不懂占星也不懂人生的人，他們的生命中，大概會有百分之九十的人生，都是隨著行運而起舞，越不了解占星學，就越是會隨著命運而起舞。相較之下，越是懂得占星學的人，反而比較可以將行運的風景客觀化。

占星學對一個人最大的幫助，在於它能夠讓人以客觀化的態度來看待自己的人生。例如我們看到了一個讓自己很心動的男生或女生，這個時候如果能夠將彼此的星圖調出來比對一下，通常會從星圖中發現對方讓你心動不已的原因，進而對老天爺的安排會心一笑，至於接下來是不是要跟對方交往，就可以隨著自己的決定而決定。雖然當下很心動，可是繼續交往的話有可能會將來帶來無限麻煩的話，大可以止於心動，根本不需要將這場戲繼續演下去。而即使決定不把這場戲演下去，甚至連對方都不知道，但是你心底會知道其實老天知道這件事，你跟宇宙會心一笑。雖然這裡的確寫了一場戲，可是你可以演，也可以不需要完全照著演。你既是演戲的人，也是看戲的人。

不懂占星的人比較容易陷在執著中，當他們遇到了令人心動的人事物，不管是多麼神奇、多麼了不起、多麼稀罕、多麼的天注定，他們會覺得無法掙脫，他們無法意識到其實自己不過是在人生的戲碼中，扮演一個角色。

以人際關係來說，我們或許會非常討厭某些人，但是懂得占星學會知道，這是因為兩個人的星圖合不來，你覺得這個人很討厭，但是對跟他合得來的人來說，他們可能覺得這個人很可愛。也就是說，喜歡與討厭都是一種很主觀、很個人的東西，你覺得某個人很討厭是你的事，這只說明了你跟對方不對盤，天下喜歡他的人很多。如果一直陷在你討厭這個人是因為他很討厭的邏輯中，你就永遠無法跳脫，無法客觀的看待世界了。

能夠原諒一個人，並不代表你就得跟他做朋友，而是藉由客觀看待一個人的能力，體認到什麼是你跟一個人無緣，而不需要討厭他——討厭一個人，也是一種緣。如果真的跟對方合不來，跟他保持距離即可，連討厭他都不必，因為討厭他等於是在浪費你的能量。

當一個男性在行運土星與本命月亮一百八十度時，有可能會喜歡上一個很不適合他的女生，如果懂得占星的話，就比較能夠客觀化，知道影響力最強的時間不過兩三個月。既然知道其實力道最強也不過兩三個月，值得為了這兩三個月毀掉人際緣分的分際，值得為了它而改變生活嗎？

行運土星與本命月亮的一百八十度對立，有可能會使一個人在人際關係中做出踰矩的行為，或許當下覺得非做不可、非愛不可，可是一旦踰了矩，就再也回不去了。我們在生命中遇到的很多問題，往往跟任性而為有關。所謂的「任性」，多半是一時想要的衝動，而為了這一時的衝動，很可能就會壞了大事。

學習行運，會讓我們對人生有更客觀的看法，重要的是要學會不執著。

人的一生一定有的時候是好運，有的時候是壞運，當你遇到好運時，人生的選擇會比較多，在這些選擇中，應該要選的是對你的人生比較有意義的事，而不是什麼事都去做。最要注意的，是千萬不能因為好運時誤入歧途，到了壞運時，你就走不出來了。

人在壞運時選擇一定會比較少，在選擇較少的情況下，更要珍惜手中可能有限的讓自己好過、讓自己可以向善的機會。即使有的人運氣壞到得要去坐牢，我還是有認識一些雖然去坐牢，可是還是利用了坐牢的時間，努力讀書、努力去學所有他在自由時沒有空去學的東西。不管是被囚或是自囚，都可以是自我鍛鍊的好時機。一個人如果花很多時間精力去埋怨環境、埋怨處境，這是很划不來的事。不管在生命中遇到了什麼樣的遭遇，重要的是在這些遭遇中，讓自己回到來這個世界上到底要完成的願是什麼。如果你是一個喜歡文字，喜歡寫文章的人，晴天可以寫文章，遇到了大颱風，還是一樣可以閉門在家寫文章。最糟糕的是有的人風平浪靜時在家寫文章，大颱風時卻忽然失去理性想要出去玩。

在不應該做某件事情時卻自以為非做不可，這就是任性。一時任性，往往會導致危險的結果。

Chapter/3

行運天王星對本命月亮的影響

行運天王星走一圈需要八十四年，平均每七年走一個星座，所以我們一生中能遇到的行運天王星相位很有限。

天王星代表了宇宙的無常。本命星圖中越是保守的人，他們越難以承受行運天王星帶來的變化。以行運天王星與本命月亮的相位為例，如果一個人的本命月亮落在金牛或摩羯這種保守的星座，當行運天王星帶來了正面或負面相位，不管是合相、九十度、一百二十度或一百八十度，當事人都需要比較長的時間，才有辦法接受這些變化。同樣遇到行運天王星相位，不管是正面相位或負面相位，如果一個人本命月亮落在寶瓶這類很能接受變化的星座時，他們就會很容易接受行運天王星帶來的變化。

也就是說，當我們在探討行運天王星與本命月亮形成的各種相位之前，都應該要先看一下當事人的月亮本身落在什麼星座。除了落在金牛、摩羯這兩個不喜歡改變的土象星座之外，月亮巨蟹與月亮天蠍也會因為情感上的執著，因而不喜歡行運天王星帶來的改變。而月亮如果落在變動星座，如雙子、處女、人馬、雙魚的人，他們則比較可以承擔行運天王星的變動。

此外，也要看行運天王星與本命月亮合相時，還有沒有跟其他行星形成負面相位。如果一個人的本命月亮本身就跟土星九十度，當行運天王星與本命月亮合相時，就等於同時跟本命土星九十度，形成了想要變動的天王星與不想變動的土星的拉鋸，這樣就會帶來比較大的負面影響。

儘管在書中因為篇幅所限，不可能一一點到，可是大家在看行運天王星與本命月亮形成的各種相位時，都應該要把本命月亮是否保守的原則放在心中，再繼續研判行運天王星的影響力大小。

天王星與過去世業力無關，它是當事人當下的決定。行運天王星無論相位好壞，它都牽涉到當事人的靈魂是否已經準備好了。很多人一生中遇到的各式各樣天王星相位，很可能都只帶來外在環境的改變，卻沒有因而帶來靈魂的頓悟。

我認識一個本命土星落在二宮金錢宮的人，而且土星在金牛的人，土星二宮與土星金牛的人在金錢上都很保守，這個人土星又在二宮又在金牛，可說是雙重的小氣。他跟他太太都是高級公務員，兩人一輩子下來存了非常多錢，但是先生從來不帶太太出門外食，有一次太太生病，他還要求太太搭公車去很遠的地方看病。多年後他太太回想起來，覺得先生的小氣，已經幾近虐待的程度了。但從好處來看，他這輩子過得非常環保，平常幾乎不開冷氣，連看報紙都不開電燈，從下午一直跟隨著日光的腳步，從窗邊一直挪到陽台。當行運天王星與他的本命土星一百八十度時，他住的房子因為火警而被燒掉了。當時房子的旁邊是一片空地，常常有鄰居的小孩子到空地玩。老先生當時已經退休，常常跑去警告、阻止那些小孩到空地玩，尤其經常警告小孩別玩火，免得把房子給燒了。人生的反諷就在這裡，老先生如果不去天天警告那些小孩別玩火，小孩們可能也沒有想到要玩火，結果老先生一天到晚叫小孩子別玩火，結果小孩子就真的玩起火來，過年的時候在空地玩鞭炮，結果把房子給燒了。

行運天王星與本命土星一百八十度的意外，原先的意義是為了要讓本命土星二宮的小氣、保守，經由外在的巨大打擊而懂得看開，但這個老先生完全沒有因此看開，房子雖然被燒了，他們因而不得不搬去新家，可是老先生在被燒了之後的兩年，依然幾乎每天都跑去被燒毀的房子裡頭撿破爛，把老家燒了一半的破家具搬到新家來用。事實上新家位於仁愛路上，地段非常好，裡面卻堆滿了燒得烏漆抹黑的破家具，顯得很荒謬。

老天藉由行運天王星，給了這個老先生一個非常嚴酷的大教訓——一個人一輩子對物質的執著，比不上一把火。可惜老先生並沒有因此看開，儘管他的太太跟兒子勸他不要再跟那些小孩子計較，但他還是去告了那些小孩，可是那些小孩也無力償還，官司纏訟了兩年，只能不了了之。

行運天王星有可能會反映在生命中的無常事件，但它的目的是希望一個人學會無常的功課。如果經歷了行運天王星帶來的巨大破壞，卻沒有因而改變自己的心態，那就白白吃了天王星的苦，非常可惜。

天道不仁，但天道無善無惡，當我們遇到了天道無常時，不管是前世的業力糾纏或任何原因，生命中的確有可能會發生很糟糕的壞事。不管是再憤恨、再不肯原諒，都沒有辦法回到過去，讓壞事不曾發生。當我們遇到了生命中的無常，如果有能力的話，與其怨天尤人，不如將精力投注於防治未來，讓未來發生憾事的機率降低。

▼行運天王星與本命月亮合相

不管本命月亮是否有負面相位，當行運天王星跟本命月亮合相時，當事人都會遇到一些外在環境帶來的跟月亮相關事物的變化，例如房地產、居家生活、母親或太太，而這些往往都會跟宮位有關。如果本命月亮落在四宮家庭宮，就很可能會反映在居家生活上，可能這個時候你得要搬家，或者有一些居家生活上的調整。我有一個本命月亮在四宮的朋友，他就在行運天王星進入四宮，跟本命月亮合相時，因為家裡需要大翻修，因此不得不搬回老家住；如果本命月亮落在跟戀愛、子女相關的五宮，當行運天王星跟本命月亮合相時，如果當事人年紀較大，很可能會反映在跟當事人女兒有關的事件，如果當事人年紀較輕，則可能會反映在情感生活上的波瀾，很可能這個時候會發生不合倫常的情感煩惱。對於男性的當事人來說，這個時候也可能會認識一個特立獨行的情感對象。例如我先生有一個學生，原先他已經有一個交往三年的女友，兩人已經同居了一段時間，在行運天王星跟他的本命月亮合相的時候，因為工作的關係認識了一個地下情人，結果當事人的生活因而一分為二：早上出門前與晚上回家後歸地上情人，而上班時間則歸地下情人。早上女友出門上班之後，他會開車去接地下情人一起去上班，到了五六點下班時間，他又開車去接女友下班，一起回家。而更複雜的，是地下情人也有一個在當兵的男朋友。有一天我先生跟當事人還有當事人的地下情人開會，結果地下情人當兵男朋友跟當事人的女朋友擦身而過，看在我先生這個明眼人眼中，真是為這段錯綜複雜的感情捏一把冷汗。

不過天王星來得快，去得也快，雖然天王星情人來得猛烈，但是卻往往無法維持很久。以這個例子來說，行運天王星碰到的是本命月亮而不是本命金星，月亮與金星雖然都跟情感有關，可是兩者是不同的情感類型。

此外，行運天王星引發的情緒也跟海王星、冥王星引發的情緒不同。海王星代表的是夢想，當行運天王星跟一個人的月亮合相時，當事人在這個時候會遇到的是一個理想的母親形象。如果是行運冥王星跟一個人的月亮合相，代表當事人會遇到一個喚起他童年時期，跟母親之間的親密與佔有回憶的親密關係。而行運天王星與男性當事人的月亮合相，代表當事人會遇到一個女生，讓他可以掙脫母性與母親影響——也就是說，行運天王星與本命月亮合相時，當事人遇到的女生根本就沒有在扮演母親形象。

以前面提到的複雜四角戀情為例。當事人在行運天王星與本命月亮合相時遇到的地下情人，可說是完全不具母親形象的女人，這段感情既危險又不穩定，可說讓當事人完全擺脫一般男性對母性的既有形象。

在人與人之間的關係中，土星與冥王星比較容易促使雙方走進結婚禮堂，天王星則不然。當我們在生命中遇到了行運天王星，不管相位好壞，目的都是讓我們體驗獨立人格的機會。看在外人眼中，前面提到的當事人，他在行運天王星與本命月亮合相時，背著女朋友鬧出一場複雜的四角戀愛，簡直是大逆不道。但是對當事人的靈魂來說，這是當事人第一次學習到可以不把女性當母親看待，不把女性關係視同母親的臍帶，可以不把安穩視為親密關係的前提。他在這段關係中，可以學到不佔有也是一種親密關係的可能，他會學到世間情感不見得一定要有名有分，不見得一定要嫉妒與佔有，他可以從中學到開放性關係的可能性——而這種開放性關係當然不是世俗親密關係的常態，甚至很可能會因為太特殊，而遭到世俗價值觀的反對。

本命月亮也有可能反映在母親身上，當行運天王星與本命月亮合相時，當事人也可能在這段期間，經歷母親不像一般母親的情境。當事人的母親很可能因為身體不好或工作因素而無法天天在家照顧當事人，甚至也有可能母親是一個社運份子，每天忙著在社會上奔走，而不是忙著在家照顧小孩。

行運天王星與本命月亮合相，也會是一個人很需要改變自己生活的時候。如果當事人並沒有做好改變的準備，例如一個人本來完全沒有換房子或搬家的計畫，完全是基於行運天王星帶來的變動而產生了想換房子或搬家，其實就得要理性的去評估這種衝動是否真的有此必要。有的人會只是因為去看預售屋，結果就糊裡糊塗的訂購了一戶，這很可能就是行運天王星合相本命月亮時會有的衝動。

行運天王星合相月亮時並不是不能買房子，而是應該理性評估，買房子是不是本來就是你在人生規畫中該做的事，否則純粹為了行運相位帶來的一時衝動，搞不好等到行運相位過去，反而變成了沈重的負擔，落入了行運天王星的陷阱。也就是說，行運天王星帶來的到底是好是壞，必須要仰賴當事人理性評估自己本身狀況。

以我自己為例，在離開台灣去英國前，很顯然是基於出國前的亢奮，覺得住高樓遠眺陽明山很有意思，所以我們在天母買了一棟位於十八層樓的預售屋。預售屋要蓋五年才蓋好，而五年以後我們剛好拿到學位回台灣。但是在英國過了五年閒散生活之後，我們忽然對住高樓沒有興趣了。以前從來沒有住過這麼高的高樓，不曉得原來高樓也會有噪音問題，遠方的汽車聲會飄到高樓，聽得很清楚。而且台北地震多，我對地震非常敏感，覺得三天兩頭就在晃，於是想把房子賣掉，換個房子住。

我們設下了很多買房條件，在並不太積極的情況下看了兩三年，都沒有找到適合的房子。一直到行運天王星與我的本命月亮合相時，有一天早上六點多起床看報紙時，忽然被一則房地產廣告吸引，我就催著先生陪我早上九點多去看房子，看了以後很滿意，我請他們給我一個一口價，我就不再殺價，結果對方給了一個很不錯的價格，我當下就把房子買了下來，立刻刷卡付訂金。付了訂金之後跟先生去吃早飯，吃完早飯又晃回賣房處看一眼，結果聽到後面的客人說，最後一戶早上被人買走，現在已經全部售完，沒得買了——原來我們就是早上買走最後一戶的客人。房子總價並不低，而我整個過程只花了十五分鐘就買了下來，的確有一點過於衝動，可是事後看來，買了以後又漲了不少，相當划算。

之所以會這麼衝動的買下新房子，原因是我已經再也無法忍受天母那棟高樓，想要趕快換地方住。搬到師大以後，不但可以每天走路到金石堂教占星，也整個改善了我跟鄰居的關係。我的本命月亮落在三宮，三宮是近距離的溝通，當行運天王星與我的本命三宮月亮合相時，它也整個改變了我跟鄰里的關係，後來我推動「南村落」，其實在行運天王星與本命月亮合相時，就已經決定了，而我等待這個改變已經等了很久，連錢都已經準備好了兩三年，只是一直沒有發現適當的房子而已。如果一個人原先就期待改變，當行運天王星與本命月亮合相時，它有機會帶來很正向的改變。

雖然我只花十五分鐘，就很衝動的買了一間房子，可是事後證明這是一個好決定。除了房地產本身的價值之外，不久之後我又租下來附近的房子，開辦了南村落，推動台北文化護照等活動，這些都是行運天王星帶來的三宮鄰里關係的大改革。而這一切事情的開端，都始於行運天王星與本命月亮合相時，我買了一間房子，從天母搬到師大附近。

行運天王星帶來的改變，會視當事人的心態而有所不同。如果當事人本身對改變期待已久，當行運天王星降臨時，當事人可說是順勢而上，這樣就不會因為天王星帶來的改變而感到挫折，甚至還可能會覺得這個變化讓你對生活更得心應手。但如果缺乏這樣的認知與準備，行運天王星的變化也可能會帶來很多壓力。例如一個人如果事前毫無計畫，但在行運天王星與本命月亮合相時突然買了一間房子，光是房貸的壓力，就可能會壓得當事人無法動彈。

▼行運天王星與本命月亮九十度

以本命星圖來說，一個人如果本命太陽與本命天王星九十度，當事人有可能會做很多非常理可以解釋的怪事，可是他們自有一套系統，只是他們的邏輯外人不懂，雖然他們可能會被視為怪人，但只要他們的月亮沒有剋相，他們本身的情緒其實很穩定。月亮跟一個人的ＥＱ有關，如果一個人本命月亮與本命天王星九十度，當事人從小經歷了內心之家的不穩定，因而比較容易有情緒管理上的問題，他們會更容易遇到人生中的混亂。

相較之下，行運天王星與本命月亮九十度剋相，就是所謂的「家宅不寧」時期，它不只會反映在房子本身，它還涵蓋了家庭生活，以及家中女性的問題而帶來內心的不安。通常在這個時候，當事人的母親會產生很大的變化。如果年紀較大，男性當事人有可能會反映在妻子出了某些問題，有一個朋友行運天王星跟他本命月亮九十度時，他的太太外遇，以致於月亮掌管的家庭生活產生了很大的變化。如果是女性當事人，則有可能在這個時候有一些跟月亮相關的疾病，例如子宮、卵巢出了問題。尤其如果天王星或月亮落在六宮健康宮的話，常常會反映在身體的疾病上。

行運天王星與本命月亮九十度時，當事人會在跟月亮相關的事情，發生出乎常情、無法預料、令人無法接受的問題。這個時候通常都很不適合搬家，通常如果在這個時候搬家，都是出於一些不得已的意外，例如房東忽然決定不續租，或者因為房子漏水而不得不搬出來。也因為九十度是剋相，在這個時間買的房子會讓人無法長治久安，因此即使不得不搬離舊居，也不適合在這段期間去買新房子。只要行運天王星還在影響本命月亮，容許度數在三度以內，寧可租房子，也不要在這段期間買新屋，否則即使買了新房子，也很可能會有意外變動，導致還得再搬家。

月亮代表女性，所以行運天王星與本命月亮九十度剋相對女性當事人的影響，會比對男性要大。有些女性會在行運天王星與本命月亮九十度時，身處混亂的情感關係中。

有的人會在這段期間腳踏兩三條船，也有可能雖然沒有腳踏兩條船，卻在很短的期間內不斷的換男朋友，或者雖然沒有以上情況，可是不斷的受到外界吸引而三心二意。在這段期間，當事人很容易感覺到自己內在情緒的不穩定。

月亮也跟錢財有關，當行運天王星與本命月亮九十度時，當事人也必須要特別小心財務上的不穩定。行運天王星帶來的過度衝動，容易導致財務的混亂。依照占星的邏輯，一個人在感情上出問題時，就不應該在這個時候去做任何投資。一個人在夫妻感情好時，也會是當事人最容易累積財富的時候，而夫妻感情不好時，當事人很可能會因為每天心慌意亂而賠大錢。

月亮跟我們的家庭生活、情感、物質環境關係很大。我們大概很難防止破產之後情感還能不出問題，可是我們應該要去防止情感出問題後，別連帶連金錢也搞到破產。也就是說，當一個人情感出問題時，千萬不能花大錢去冒險投資，否則情感沒了，錢也沒了。所以當你身邊的重要女性跟你要錢，不管是你的母親、太太、姊妹或女兒，最好先看一下她們的行運星圖，看看相位好壞再做決定。借錢給媽媽或太太本身不是問題，可是如果這個時候行運天王星正在跟她們的月亮九十，就不要借錢去讓她們投資，不要助長她們即將會遇到的問題。

行運天王星與本命月亮的九十度剋相，容易導致情緒不安。一個人在情緒不安時，就很容易犯大錯。太陽與月亮是本命星圖中最重要的兩顆星，行運天王星與本命月亮九十度會比行運天王星與本命太陽九十度更麻煩。原因在於太陽本身具有理性，當本命太陽遇到行運天王星來剋時，比較可以透過理性的態度來對抗，而且別人想勸也比較能聽得進去。但如果是行運天王星與本命月亮的九十度剋相，就很難用理性來化解月亮的衝動。

▼

行運天王星與本命月亮一百二十度

不管當事人本身是男性或女性，行運天王星與本命月亮一百二十度，都意謂著這個時候會出現一個不凡的女性，為當事人的生活帶來很大的影響。

如果當事人是女性，她們可能在這個時候會經歷很重要的女性情誼，如果當事人是男性，他們有可能會在這段期間經歷重要的情感關係。不過由於天王星具有無常的特質，如果一個人在行運天王星與本命月亮一百二十度時展開一段親密關係，這段親密關係比較不容易維持長久。即使彼此有很深的感情，可是卻彷彿缺了一點走進結婚禮堂的緣分。

當事人在這段期間，都會渴望過著比較獨立的生活，也會想要追求生命的新經驗。當事人有可能會以離開舊環境的方式，來希望生活有所改變。由於一百二十度是和諧相，天王星比較容易發揮正面力量，當事人在這個時間做的改變與冒險，都有可能對生命造成正面影響。

我自己在行運天王星與本命月亮一百二十度時大約十八歲，剛考上師大。當時我家就在臨沂街，離師大非常近，走路大概只需要十五分鐘，而且我父母管我管得非常鬆，有時候跑出去玩到半夜一兩點才回家，父母也不會責備我。照理說，完全沒有理由搬出來自己住。可是我在行運天王星跟本命月亮一百二十度時，不知道為什麼，我渴望能夠獲得更大的自由，想要試試看不住在家裡的感覺，於是跟父母提出想在外頭租房子的要求——多年以後回想起來，如果我有小孩，我一定會全部否決這些要求。不久我在和平東路租到了一間房子，就搬了出去，過著自由自在的大學生活。儘管這間房子離我家非常近，而且我也幾乎每隔兩三天就會回家一趟，可是這是我第一次真正的脫離家庭，真正的獨立自主過生活。在這段期間，我開始大量寫作，也交了很多新朋友，而當年交的那些朋友，現在不管是政治圈、藝文圈，有很多都已經是社會各領域的知名人士。

很多人認為我在台北有很強的人脈，可是我的人脈都不是努力經營來的，事實上，大部分我認識的這些名人，有一半以上，都是我在十八九歲，也就是行運天王星與我的本命月亮一百二十度時，因為我搬出家庭獨立生活，在這段期間認識的朋友。而也因為行運天王星會帶來改變，我在上大學前，交了一任念台大醫科的男朋友，他的條件很好，而且又是我父母的故交。但我上了大學以後，漸漸意識到保守的男友並不適合我，加上這個時候，行運土星又跟我的本命月亮出現剋相，於是我就離開了這一任男友。但也因為我們家跟他們家之間有著很深的淵源，我母親為此跟我長談許久。我跟我母親一直相處得不算好，這是第一次我們兩個好好坐下來，談論親密關係話題，從我外婆、我母親的婚姻開始談起，我也因此對於身為女性的身分，有了更深刻的認識。

她並不是要我跟男友復合，而是要我仔細想清楚，關於物質環境的穩定，與個人自由之間的兩難，然後讓我自己做決定。她不制止我的原因，在於她自己選擇的是物質穩定之路，所以一輩子沒有嘗試過自由戀愛與自由的人生，所以不管我想要怎樣的生活，她都願意讓我去嘗試，只是不希望我因此而吃虧。由於前男友物質條件很好，對方又非常喜歡我，對很多女生來說，這是千載難逢的理想對象，對於身為母親的她來說，有必要來提醒我這件事，可是對於身為女人的她來說，她不認為物質穩定才是唯一的選項。

就這一點來看，我母親對我有很大的幫助。多年以後的現在看來，還好我沒有嫁給那個醫生，因為雖然他是一個非常好的人，可是也是一個非常不適合我的人，而我更是一個不適合他的人。如果我們兩個在一起結了婚，一定會毀了我們兩個人。我在行運天王星與本命月亮一百二十度時，受到行運天王星的啟發，我決定做一個自由自在的女人，而不是嫁給醫生，當個醫生娘過一輩子。這也是因為跟我母親長談之後，我的靈魂決定藉由天王星而有所改變，決定不走一般人會走的安穩之路。

由此可見，當行運天王星與本命月亮一百二十度和諧相時，當事人都會遇到一些比較奇特，比較不保守的事，這些事情會用和諧的方式，帶領當事人的內在情緒或女性意識，朝向更為獨立自主之路邁進。

▼行運天王星與本命月亮一百八十度

當事人在這段時間容易因為外界影響而產生一些變化，而這些變化通常與當事人本身的性格無關。例如當事人的家庭生活，可能因為母親或妻子出了一些意外而產生變化，它跟母親、妻子本身的性格是否古怪無關。

行運一百八十度的對立，往往意謂著外界而來的變化。當行運天王星與本命月亮的一百八十度剋相，如果反映在當事人太太身上，它有可能會是當事人的太太在這個時候忽然發生了車禍意外，導致家庭生活產生變化，但它不太會是當事人的太太在這個時候發生外遇而產生影響。又如假設反映在房子上的話，它不會是因為當事人討厭原來的居家環境而想搬家，它比較會是當事人原先住的房子發生了某些意外，例如地震，因而不能居住，所以不得不搬家。

對女性當事人來說，行運天王星與本命月亮的一百八十度剋相，有時候也會反映在跟健康有關的意外事件上。我見過最奇怪的例子，是有個朋友意外懷孕，她並不想要把小孩生下，也動過兩次墮胎的念頭，但因為她跟這個未出生小孩的緣分實在很強，所以兩次墮胎都沒有成功，結果生下小孩的日子，剛好是行運天王星與本命月亮一百八十度的時候。一般來說，行運天王星與本命月亮的一百八十度相位並不利於生產，可是因為她從一開始就不想要這個小孩，結果行運天王星反而讓她意外的將小孩給生了出來。但也因為這是一個出乎意料的女兒，生完小孩的幾個月之內，她經歷了非常強烈的產後憂鬱症，還好這個朋友非常敏銳的察覺到自己遇到了產後憂鬱，而且自己真的缺乏照顧別人的能力，因此很快的就決定聘請了一個全職保姆，讓女兒住在保姆家，以免憂鬱症危害到自己與女兒。

行運星圖在親子關係中具有特殊的意義，因為母親生小孩時的行運星圖，就是小孩跟母親之間的人際合盤。剛剛提到的朋友在行運天王星與本命月亮一百八十度時生下了小孩，這也意謂著這對母女之間，女兒的天王星與母親的月亮一百八十度，對當事人來說，行運天王星與本命月亮的一百八十度對立，讓她出乎意料之外的多了一個女兒，而從兩個人的人際合盤來看，女兒天王星與母親月亮的一百八十度剋相，則顯現在母親將她放在保姆家寄宿，所以母女兩人缺乏日常生活中相處上的緣分。

行運天王星有時候會因為遇到逆行，而來來回回與本命月亮形成三次相位。這個朋友在行運天王星第一次掃過本命月亮時生了小孩，生了小孩不久，行運天王星因為逆行而再度掃過她的本命月亮，這個時候她一直覺得身體很不舒服，去醫院檢查了幾次，也沒有找出原因，而到了行運天王星又順行回來掃過本命月亮時，這個時候才終於找出原因。原來這個朋友卵巢有一個畸胎瘤，多年來她因為一直沒有懷孕，所以一直沒有發現，這次因為她意外懷孕，體內荷爾蒙產生變化，因而引動了畸胎瘤，也還好因為這個事件，讓她開刀將畸胎瘤移出。畸胎瘤有可能是當事人受孕時原本是雙胞胎，但其中一個並未發育，而她懷孕生女時，畸胎瘤也跟著發育，所以她在行運天王星第一次掃過本命月亮時生下了女兒，而在行運天王星第三次掃過本命月亮時，她開刀取出了原先可能會成為她姊妹的畸胎瘤。

如果當事人年紀很輕，這個相位往往會反映在當事人母親會遇到一些意外。一九六〇年時，我遇到了行運天王星與本命月亮的一百八十度相位，當時我才兩三歲，全家住在高雄，那個時候我的大舅舅欠了人很多錢，外婆請我母親作保來借錢還債，原本母親是一個小學老師，結果外婆因為還不出這些錢，我母親也因為作保而受到連累，被抓去監獄關了大約一個禮拜。我父親花了很多錢打通關節，才總算將母親與外婆救出來。當時父親將母親救出來之後，為了遠離紛擾，於是舉家搬到台北臥龍街，這也同時應證了行運天王星與本命月亮的一百八十度，有可能會反映在因為意外而不得不搬家的情境。後來因為母親在北投教書，又舉家搬到北投，當時我年紀太小，完全不知道有這回事，也不知道自己童年住過臥龍街。多年以後我買了一棟房子讓父母養老，剛好也買在臥龍街，父親告訴我小時候就住在附近，我這才知道這整件事。

從這些例子中，我們可以看到，行運天王星與本命月亮的一百八十度要教我們的功課，就是人生無常，人生中會遇到很多無法預料的事情。我母親當然不懂占星，可是她在經歷了這麼重大的意外之後，她也感受到命運的力量。但是她雖然接受現實，卻無從理解命運的邏輯，也沒有真正完全走出傷痛，十分可惜。如果她懂得占星的道理，就能認知這些都是生命的難關，而不會一直陷在裡面。

Chapter/4

行運海王星對本命月亮的影響

行運海王星走一圈需要一百六十五年，平均在每個星座停留十二到十四年，所以我們一生中，遇到的行運海王星相位的機會並不多。

海王星是一顆藝術星、靈性之星，但它也跟藥物與病毒有關。在天王星、海王星、冥王星這三顆星中，天王星常常會跟意外有關，例如車禍或中風，海王星則跟傳染病或吃錯藥有關，而冥王星會因為執著而帶來毀滅與重生，所以冥王星常常會跟癌症有關。

海王星是一顆夢想之星，它會帶領人類脫離現實的羈絆。除了藝術、靈性之外，其實酒精、藥物，也會帶領人類脫離現實，所以海王星的負面相位，也經常會跟酒癮、藥癮有關。除了酒精、藥物之外，人類還會對一種東西上癮，就是「愛」。很多人愛得奮不顧身，其實是為了想要讓自己沈醉於愛中，而不想要去面對生活中的現實問題。

當行運海王星與本命月亮出現相位，我們月亮的情感受到海王星影響，會變得更有想像力，也容易在這段期間遇到理想化的情感，但如果是負面相位，我們就容易被海王星欺瞞，容易自欺欺人，帶來情感上的失落。

本命月亮也跟身體有關，尤其對女性的當事人的健康影響很大。當行運海王星與本命月亮形成相位，尤其是合相與九十度、一百八十度剋相，海王星就會弱化月亮，當我們的身心狀況比較弱，就比較被外界感染。其中包含了情緒與心情上的感動、自欺，也包含了身體上的病痛。

▼行運海王星與本命月亮合相

海王星代表夢想，而月亮與親情、母愛有關。當行運海王星與本命月亮合相時，我們都會在一定程度上感受到一種母愛，而這種母愛都不會是傳統照顧你吃喝拉撒的那種母愛，而是一種理想母親形象與非現實性的母愛。我們每個人的心中，都會有一種最理想的母愛原型，而它會隨著月亮落在什麼星座而有不同。比如你的月亮落在巨蟹，你的理想母親，就會是給予你很多照顧與情緒撫慰的母親，如果你的月亮落在寶瓶，你的理想母親，就會是比較不按牌理出牌，不會要求你一定得要照著傳統走的母親。當行運海王星跟本命月亮合相時，你很容易會在這段期間遇到一個親密關係的對象，他可以符合這種需求。但並不是說你的月亮在巨蟹，就會出現一個太陽巨蟹的伴侶，而是說，這個伴侶會具有巨蟹的特質，讓你可以感受到你所需要的理想母親的母愛。在這段期間，我們本命月亮所需要的母性，會因為被行運海王星帶動，而以某種理想化的形式表現出來。

海王星代表了我們前世帶來的記憶。海王星的能量就像我們從靈魂中帶來的電台，時時播放著音樂。但我們既然活在這輩子，所以大部分人跟自己的海王星前世記憶是分離的，或者跟這輩子的能量不和諧。從本命星圖的角度來看，海王星的電台會隨著當事人的海王星相位（尤其是本命海王星與本命日月水金火的相位）而有所不同。如果我們的本命海王星與本命日月水金火一百二十度，我們就經常能夠聽到這個電台傳出的美妙音樂，如果我們的本命海王星與本命日月水金火九十度剋相，我們聽見的電台樂音可能就是模糊且經常斷訊，甚至是扭曲的。如果從人際合盤的角度來看，當一個人的月亮與另一個人的海王星合相，月亮這方就可以聽到海王星的聖歌，因而會將海王星那一方視為大好人，儘管海王星這方未必是個好人。

當行運海王星與本命月亮合相時，當事人會變得比較敏感，都會覺得自己有某些隱藏的潛能，可以聽見很多潛意識或藝術、靈性的聲音。但如果當事人的本命月亮有剋相，當行運海王星又來合相時，就很可能會讓當事人進入靈魂的迷陣。海王星是一種宇宙性的共感，不管是神佛或怪力亂神的惡靈，都是巨大的海王星能量展現。當行運海王星與本命月亮合相時，你本身月亮的層級越高，行運海王星能帶來的層次就越高。

很多算命師在算命時，都只看這個運是好運壞運，而不討論當事人自身發展的智慧程度，這是很可惜也很容易出問題的。一個人在智力上的發展層次越高，就越容易接收到行運的高等能量，如果相反，當一個人在智力上的發展層次很低，就越容易接收到行運帶來的低等能量。前陣子我在報上看到，有個父親帶兒子去廟裡，廟裡的神棍跟父親說他兒子身上有附身，需要將兒子留在廟裡處理，後來這兒子就因為這樣被虐待了一個月，兒子還被迫將名下房產過戶給神棍，直到警察介入為止。這整個故事，就是一個將海王星與冥王星低等能量高度發揮的憾事。冥王星與控制有關，海王星則會讓人糊塗，讓人過度容易相信神祕力量，所以當行運海王星與本命月亮合相時，一定要特別小心各式各樣假借神諭之名行神棍之實的陷阱。

行運海王星與本命月亮合相時，我們要非常小心自欺欺人造成的問題。不過其實藝術也是一種自欺欺人，如果能將行運海王星用在藝術創作，也會有很正向的結果。我身邊有不少朋友在行運海王星與本命月亮合相時被騙，但也有不少朋友在這段期間創作出很棒的作品。原因在於後者的力量有經過創造轉化，所以朝向了比較高等的層次。我一直很重視教育，我指的並不是拚命考大學或考研究所的這種教育，而是結合靈性人格與知識的全人教育。原因在於在身心靈上層次較高、較有智慧的人，當他們遇到行運或合盤的各式各樣問題時，出現嚴重問題的機率會比較低。

▼行運海王星與本命月亮九十度

當行運海王星與本命月亮形成九十度剋相，就容易帶來各式各樣跟月亮有關的健康、情緒、金錢、家庭方面的問題，而這些問題都會跟海王星的特質有關。在這段期間，當事人容易受到月亮有關情境的病毒感染，好比水腫問題、女性生理問題，而有些人也要小心白內障問題，或是與病毒相關疾病，或是與藥品、酒精相關成癮或感染問題。

我們在這段期間也容易愛上不適合的人。大家通常會誤以為負面相位就不浪漫，事實並非如此。行運海王星與本命月亮九十度剋相時遇到的情感，常常會比行運海王星與本命月亮一百二十度時更浪漫。原因在於九十度剋相會讓我們有更強的浪漫需求，而這種需求，又常常跟過去世的業力有關，這個相位會喚醒我們在過去世的某些情感，但它往往不適合今生，所以更加浪漫，更加不切實際，也因為更為淒美而令人難忘。

我在十四五歲時，遇到行運海王星跟我的本命月亮九十度，我在這段期間，經驗到美妙的初戀，而這場初戀呈現出各式各樣的海王星與月亮的意象。當時我參加了一個北投的舞會，他一開始不敢找我跳舞，一直等到了舞會的最後，才找我跟他跳了最後一支舞。這個男生的身世也充滿海王星與月亮的憂傷，他出身於軍人家庭，但母親因為憂鬱症而自殺，父親無法照顧他的生活，所以去軍校念書。海王星走得很慢，而且會來來回回的逆行，所以我們很有可能會在兩三年間，因為行運海王星順行、逆行，反覆刷過本命月亮三次，而這種反覆三次的行運，往往可以看出一個故事的前、中、後的節奏。以我的初戀故事來看，行運海王星三次刷過我的本命月亮。第一次跟我的本命月亮九十度時，我跟這個男生認識，邀我跳了第一支舞，這個時候我才國二，還情竇未開，只覺得一切新鮮好玩。過了一段時間，行運海王星由於逆行，再次跟我的本命月亮九十度，這時我升上國三，這個男生約我出來喝咖啡，連喝咖啡的店家都充滿了海王星與月亮意象，叫做「愛情海咖啡」，他約我出來是要跟我暫別，原因是他希望我專心準備聯考，等我考上之後再繼續談戀愛。這時我情竇已開，當晚我們聊到很晚，又恰巧遇到颱風，他送我回北投時由於路上積水，連公車都過不了馬路，只好繞道而行。整個車上只有我們與司機，而公車外面風雨交加，這應該是我生命中最有奇蹟感覺的一個晚上，是一段非常美的海王星記憶。之後我考上高中，我們又開始談戀愛，這個時候又遇到行運海王星第三次掃過我的本命月亮，我們又遇到了一件非常海王星月亮的事，我們約了幾個朋友一起去野柳玩，我不顧朋友偏離了路線，獨自往高台爬了一個半小時，後來兩人大吵一架不歡而散。雖然當時我不懂占星，但也從這個時候開始，我們漸漸意識到我們之間並不那麼適合而分手，他也就從我生命中消失了。

▼行運海王星與本命月亮一百二十度

行運海王星與本命月亮相位之所以重要，是因為這兩顆星都跟靈魂有關。在占星學中，月亮、土星、海王星與冥王星這四顆星都跟過去世有關，其中又土星與冥王星又格外與業力有關，因為它們跟業力有關，所以它們通常會在真實生活中形成事件。而海王星則未必會形成事件，當我們遇到星圖中的海王星，它也許會帶來內在情緒波動，但很可能只是把情感埋藏在心底，不見得會真的行動。

當行運海王星與本命一百二十度時，當事人會有強烈的想要追求藝術與靈性的需求，再怎麼嚴肅、務實的人，此時都會變得比較柔軟，尤其男性當事人會明顯的感受到自己的改變。原因在於男性平常比較會壓抑自己的月亮，當行運海王星啟動了月亮，當事人就會特別感受到自己變得善感。

也因為一百二十度是好相位，所以行運海王星與本命月亮的一百二十度相位，特別容易展現在藝術與靈性的啟發上。如果當事人是從事藝術工作的話，此時會是一個很利於發揮創造力的好時期，海王星代表的是宇宙大夢，行運海王星與本命月亮的一百二十度和諧相，可以讓當事人的內在呼應宇宙的大夢。

除了從事藝術工作之外，這個時期也適合從事靈性工作，因為此時我們對需要幫助的人會有較強大的同理心，也會比較想要幫助弱者。行運海王星與本命月亮一百二十度與九十度的最大不同，在於一百二十度往往會是一種柏拉圖式的情感，願意付出而不太想要得到什麼東西，是一種較為無私的情感。

此時也是我們會對於神祕學產生興趣的時期。由於海王星走的速度很慢，走一圈需要一百五十多年，所以行運海王星與本命月亮的一百二十度相位很難得，一輩子頂多遇到一兩次。海王星是一顆靈性之星，當行運海王星用一百二十度的好相位觸動我們的月亮情感，如果能善加利用，就能讓我們對靈性與感性有更深刻、也更宇宙性的體悟。

但也因為行運海王星我們一輩子頂多遇到一兩次，遇到的時機就變得很重要。如果我們在十幾歲以前遇到，因為年紀太小，海王星能發揮的力量就很有限。但如果我們是在成年以後遇到這個行運，不好好把握的話，就真的是人生最大的浪費了。

海王星是一顆非現實之星，很多人很怕浪費時間，每天都要將時間表排得很滿、很有效率，或者怕浪費金錢，浪費情感，但如果我們仔細想想，人生也不過五六十年或七八十年，整天把時間排滿，整天只知賺錢而不思靈性進展，整天忙忙忙，一輩子就這麼過去了，就算很成功，可能也會感到很空虛。而行運海王星與本命月亮一百二十度的意義，在於當事人此時會變得比較易感，也比較願意放緩腳步，願意花一點時間去做一些沒有那麼現實的靈性功課。但雖然一百二十度是和諧相，卻常常會因為太過和緩，因而被人忽略。對於沒有靈性修為的人來說，他們遇到行運海王星與本命月亮一百二十度時，也會變得易感，變得比較不那麼務實。但很多人很可能在這段期間，就只是整天癱在沙發上，看許多沒營養的電視劇，哭掉幾包面紙，靈性卻沒有什麼增長，實在很可惜。

因此，當我們遇到行運海王星與本命月亮一百二十度時，一定要主動參與海王星帶來的啟發，讓自己的靈性能在這段期間有所增長，否則一旦錯過，很可能就再也遇不到了。

▼行運海王星與本命月亮一百八十度

海王星與宿世緣分有關，當行運海王星與本命月亮一百八十度時，往往會有與我們過去有關的海王星緣分過來找我們，尤其容易反映在與母親或女兒有關的事件。

海王星雖然是虛幻的力量，一百八十度的對立，卻容易讓海王星的虛幻，透過月亮來呈現。對女性的當事人來說，這個相位有可能會發生在母親、姊妹、女兒身上，也可能反映在自己身上。對男性的當事人來說，很有可能這段期間他會認識某位女性，這個女性會教給他一些與他過去世宿緣有關的功課。

我有個朋友在行運海王星與本命月亮一百八十度時意外懷孕。儘管這件事情完全無法求證，當事人告訴我，她覺得女兒是她的母親投胎回來找她，因為母親過世時，她請母親再回來找她，而她在三十九歲時，意外的懷了這個女兒。不過行運海王星與本命月亮的一百八十度剋相，也意謂著當事人在這個時候遇到的緣分，並不是她原先想要的。行運海王星與本命月亮的一百八十度剋相，也會引動當事人的月亮本身原有的問題，例如這個朋友原本體內有畸胎瘤，可是從沒有被引動，而懷孕生產時的荷爾蒙變動，引發了當事人的畸胎瘤問題，生了小孩之後才被檢查出來，也才將畸胎瘤給割除。而不管是隱藏的畸胎瘤，未婚意外懷了一個女兒，這些也都是海王星與月亮會有的相關課題。

不管是母親、女兒，或是她自己，都是月亮代表的生命中重要女性，而行運海王星的失落、迷離、誤解、意外等特殊緣分，都會透過月亮（包含母親過世的感傷，得了奇怪的女性疾病，懷了一個意外的女兒）來展現出來。此外，行運海王星與本命月亮的一百八十度，都會具有強烈的宿世感，這個朋友這輩子跟她的母親有很深的愛恨糾纏，她一直是一個很難懷孕的人，懷孕時年紀又已經很大了，又恰逢母親過世不久就懷孕，讓她不禁覺得是母親回來跟她再續今生緣。

海王星跟化學、藥物、病毒有關，行運海王星與本命月亮的一百八十度剋相時，我們都必須特別小心酒精、傳染病與藥物的帶來的傷害，尤其一百八十度往往是來自於外界大環境的問題，而不是當事人自己去惹出的麻煩，所以需要格外預先防範。

行運海王星與本命月亮形成一百八十度剋相時，不管是母親、姊妹、女兒或自己身體出問題，都意謂著我們需要回頭去面對生活中與我們有關的人事物，讓生活稍微暫停一下，透過海王星的角度，來好好的省視我們月亮出了什麼問題。

Chapter/5

行運冥王星對本命月亮的影響

冥王星代表的是人類集體意識中的佔有欲，而它也會因為強烈的激情，因而帶來毀滅與重生。

行運冥王星走的速度很慢，走一圈需要兩百四十八年。而且因為軌道角度的關係，在一個星座停留的時間也不固定，少則十幾年，長的話可能會長達三十多年。所以我們一生中能遇到的行運冥王星相位不多，但如果遇到，往往都會帶來很深刻的影響。

只要行運冥王星、天王星、海王星、土星、木星與本命月亮出現重要相位，都會是重要的生命階段，主要是因為這些外行星的速度很慢，甚至過程中因為會有行星逆行的現象，導致某些慢速行星的影響力可以長達三年。相較之下，如果是行運水星、行運火星之類的內行星，因為速度較快，通常一個月半個月就過去了，影響力也就小得多。

在行運分析中，行運木土天海冥與本命行星形成相位的時間點是很重要的，因為它會依據時間點而醞釀許多過程。我們也常會發現，在不同的外行星行運時期，有時從頭到尾都是同一件事情，有時則會讓我們捲入不同事件。

本命月亮要探討的是情感、家人與安全感議題，當行運天王星、海王星、冥王星與本命月亮形成相位，由於作用的時間長，它很可能會讓當事人經驗到重大感情事件，假如當事人在這段期間談一場轟轟烈烈的戀愛，從開始到結束再復燃再結束，過程可能會拖上兩年多。我們也常會看到有些夫妻，他們在行運冥王星與本命月亮形成相位時談離婚，結果拖上兩三年才搞定。如果有夫妻可以在一個月之內火速辦好的離婚，從此兩不相干，通常通常會是行運天王星與本命月亮形成相位，才會有著天王星的迅雷不及掩耳。

月亮與冥王星都是陰性行星，而且這兩顆星要的東西其實很相似，月亮要的是擁有，冥王星要的是佔有。所以這兩顆星的本質上是彼此和諧的。在占星學中，月亮想要的是家庭的和諧性，它是一種家人般親情的能量。而冥王星代表的是個體與個體之間強大的前世因緣，其中也包括了前世血親的淵源。冥王星是一種靈魂深處或輪迴深處被激發出來的潛意識，讓我們感受到對方與我們之間具有某種深刻關係，冥王星能量也容易激發我們強烈的性欲與佔有欲，或引動與原欲有關的情感。

冥王星與月亮情感不同的地方，在於月亮代表的是溫柔的、照顧的、親人式的情感，而冥王星要的則是以自我為重的、佔有控制型關係，雖然這可能會造成自私的一方想要操縱另一方的情境，但前提是還是需要擁有關係才能成立。無論如何，冥王星與月亮在本質上都是想要形成關係，這與天王能量在關係上想要的獨立自主不同，所以冥王星與月亮之間有種化學上的同質性，容易造成關係的連結。

▼行運冥王星與本命月亮合相

當行運冥王合相本命月亮時，想要擁有（月亮）與想要佔有（冥王星）的力量會同時發生。對於很多男性來說，會在這個行運階段產生強烈的成家意念，因而這往往會是一個很想要結婚的時期。有時我在參加婚禮時，會看一下新婚夫妻雙方的出生時間，碰上行運冥王星合相本命月亮的新婚夫妻還真不少。

而不分男女，這也可能是與家庭、房地產有關的重要行運階段，行運冥王星會帶來大改造，而月亮跟居家生活有關，行運冥王星與本命月亮合相時，也會是一個人很願意花錢整修自宅的階段，因為可以藉由行運冥王星帶來的改造，來增進我們對於家庭與安全感的認同。

行運冥王星與本命月亮來合相時，往往會讓我們與家人、重要親人與家庭環境之間出現連結。有些一直懷不了孕的女性，也可能會在這個時期懷孕。

月亮是一個人生命中最重要的陰性能量，對男性的當事人來說，月亮常常會投射在生命中的重要女性上，例如母親、妻子、姊妹、女兒，對女性的當事人來說，月亮遇到的各種相位情境，則常常會顯現在自己身上。也因此，很多女性在行運冥王星與本命月亮合相時，特別容易遇到深刻的情感關係。

月亮跟金星都跟情感有關，月亮代表的是一種家人般的親情，而金星則是一種愛悅之情。行運冥王星與本命月亮或本命金星合相的差異，在於當行運冥王星與本命金星合相時，我們也許會出現深刻的情感，也許會不可抗拒的深深愛上一個人，但這種關係卻不見得會讓我們出現想要成家的念頭。

相較之下，行運冥王星與本命月亮合相時，它往往會讓我們很想與對方安定下來。所以在占星學上，如果看婚姻關係時，一定要看月亮，不能看金星，行運的行星跟本命金星形成相位時，或許會讓我們有刻骨銘心的戀愛，卻不會產生想要成家的渴望。只有行運冥王星與本命月亮合相時，才會讓我們在無意識間尋找適合結婚的對象並與之交往，但我們卻不見得會像行運冥王星與本命金星行運時期那樣深愛著對方，甚至很多時候這段時期我們之所以會向對方求婚，只是自己想要結婚，也覺得剛好對方適合，但自己可能並不會認為自己對對方有多麼瘋狂的愛戀。

▼ 行運冥王星與本命月亮九十度

行運冥王星與本命月亮九十度時，往往代表我們內在與重大情感之間出現了重大的矛盾。因為月亮要擁有，冥王星要佔有，你可能想要與對方在一起，但同時又擔心對方的金錢不夠；或是對於對方還不夠了解等等。這個時期也代表冥王星的能量——性、金錢、權力相關的原欲，與自我內在的母性、溫柔等月亮能量發生衝突，所以行運冥王星與本命月亮九十度剋相時，往往會出現與重要親人、夫妻之間、男女朋友之間的糾葛。

金星與月亮都跟情感有關，差別在於金星偏向戀情與享樂，而月亮偏向於親情。當行運冥王星與本命金星或本命月亮形成九十度剋相時，我們都容易遇到情感上的三角糾紛，而差別在於行運冥王星與本命月亮形成九十度時，我們更容易會陷入家宅不寧的狀態，這段期間會容易有些外來事件，讓人情感生波，很可能遇到一方是情人，一方是家人，在情感的三角關係中難以掙脫。

行運冥王星與本命月亮九十度，有可能會顯示在外在環境的不安寧，導致內在情緒的不穩，也有可能相反，可能會因為內心難以安頓，而尋求外在環境的改變。在這個時期，很多人會在居家生活上出現重大遷徙，進而造成生活的改變，有時這也代表當事人原有的生活方式，此時出現了很大的壓力。很多夫妻在家庭生活出現重大壓力時，常會用搬遷來試圖解決關係議題，這就是一種內在不安而反映在外在的顯象。很多時候我們行為的形成有更深的原因，但我們可能對自己或對自己的伴侶都不願意承認，或是無法辨識，結果只求諸外界行動，其實並沒有真正解決到內在問題。

在占星體系中，最會隱藏祕密，最會不主動釋放真正意向的，就是冥王星與月亮。在五顆內行星中，太陽、水星、金星、火星都不會隱藏自己的意願，而在五顆外行星中，木星、天王星、海王星也都會明顯感受到它們的趨向，就連土星能量，它就算不願意、不愉快，但我們也會知道它是為了什麼而不願意，只是需要一點時間。而十顆行星中最會隱藏、扭曲能量的，就是冥王星與月亮，所以透過星圖上的冥王星與月亮的位置，我們可以進行自我了解與進行精神上的自我分析。

西方人在進行精神分析時，常會藉由語言傾訴來宣洩情緒壓力。占星學上也是如此，當你經常審視自我星圖，理解星圖壓力來源，透過這過程可以讓你面對自我，身體能量也會因此得以因此釋放，負面能量比較不會累積在體內。腫瘤不管良性還是惡性，都是由於長期精神與情緒壓力無法釋放，或是某個病灶轉移所造成。行運冥王星與本命月亮九十度時，當事人常常會出現很大的精神壓力。這種壓力有很多可能，可能來自對感情的厭倦、對自我的厭倦，或是對生活上的不安。當事人在這段期間如果不做出某些改變的話，就有可能會因為內在的壓力而爆發出外在事件，很容易因而引發各種疾病。

尤其行運冥王星走得很慢，行運冥王星與本命月亮九十度的相位，前後可能持續三年，如果當事人平常不善於排解壓力的話，就容易得到某些身心相關疾病。當事人在此階段也可能因為長期緊張與壓力，造成身體器官與荷爾蒙的變化，甚至當事人本命星盤中如果本來就有冥王星與月亮的剋相，當行運冥王星又來跟本命月亮九十度，就更容易引發與女性生殖系統（卵巢、子宮）相關的癌症或腫瘤疾病。

月亮也常會投射在生命中的重要女性身上，例如母親。有些人在行運冥王星與本命月亮九十度期間，會碰上母親身體的健康障礙，有可能會是母親罹患子宮或卵巢相關癌症。相較於行運天王星，行運冥王星的疾病都是累進的，如果一個人在十幾二十歲就遇到行運冥王星與本命月亮九十，就不太容易顯現在自己的健康問題上，而比較容易反映在母親身上。

冥王星與月亮的剋相（包含本命或行運），經常有可能與癌症有關，而土星與月亮的剋相（包含本命與行運）則經常與憂鬱症有關。兩者的差別，在於冥王星與月亮的剋相會帶來情感的過度，而土星與月亮的剋相會帶來情感的壓抑。

憂鬱症的病人往往是連自己都不愛的人，因為感情太少，少到連自己都不愛，愛的存款太少，也捨不得付出，愛不了別人，所以憂鬱症通常都與土星造成的愛貧乏有關。

相較之下，癌症病人則常有執著的特質，這是一種情感過多帶來的困境。過多的情感難以宣洩，就會形成情感壓力，也很可能造成情感的扭曲與身心症，有可能在過程中引發相關疾病。尤其對女性當事人來說，月亮既是生命中的重要女性，也是自己，所以如果當事人在一定年紀之後，遇到行運冥王星與本命月亮九十度，就有可能同時反映在母親身上，也反映在自己身上。古語說「禍不單行」，在占星學中有其道理，其中都有脈絡可循。

行運冥王星與本命月亮九十度剋相時，當事人會發現自己最難以做到的就是放下。有些人與母親之間的情感是很糾結的，當母親身體出問題住院時，當事人可能會因為需要進醫院照顧母親，而出現罪惡感或情結。而所謂「放下」，就是你可以做自己應該做的事情，但是不需要帶著情緒去執行，你不需要每回進醫院，就出現頭痛全身肌肉緊張等問題，或是為了該付多少錢與姊妹吵架，很多人將自己的生活過得像人間地獄，不僅僅是因為他會碰到不好的事情，還因為他處理事情的方式，既讓自己捉狂也讓別人瘋狂，這通常都是情緒管理上出現的問題，也是與行運冥王星與本命月亮九十度剋相時特別需要注意的狀況。

行運土星、天王星、海王星、冥王星與本命月亮出現剋相的狀態各有不同，其中最困難的，是行運冥王星與本命月亮的剋相。原因在於行運天王星過了就過了，行運海王星雖然哀傷、思念，但不會產生激烈的情緒，行運土星會帶來沈重的責任，卻未必會有強烈的愛恨，只有行運冥王星與本命月亮的剋相會讓人大吵大鬧，糾纏不清。

所以在親密關係上，只要牽涉到情緒管理的重大議題，往往都跟行運冥王星與本命月亮的相位有關。不過，行運冥王星最重大的意義是帶來毀滅與重生。當行運冥王星與本命月亮形成九十度剋相，我們可能會在身體上、情感與家庭關係上出現巨大的毀滅，但藉由毀滅，新的生活也隨之展開。所以雖然行運冥王星與本命月亮九十時，會讓月亮極度痛苦，但也藉由行運冥王星的巨大能量，某些舊的事情離開了，新的生活進來了。

▼行運冥王星與本命月亮一百二十度

一百二十度是和諧相，行運冥王星與本命月亮一百二十度所出現的新生狀態，往往會比合相更好。很多人會在行運冥王星與本命月亮一百二十度時經驗再生感，這種感受的出現，通常都是在經驗過某種生活的苦痛之後。這絕對不會是當事人什麼都不在乎的時期，行運冥王星往往會帶來強大意志，讓人想要擁有、佔有某些對當事人來說很重要的人事物。

行運冥王星與本命月亮的一百二十度和諧相，也是與家產有關的重要進財時刻。我有個朋友在這時期，母親將房子過戶給她，因此擁有了價值兩三千萬的房產。從人際合盤的角度來說，這個母親的冥王星本來就跟當事人的月亮一百二十度，意謂著母親本來就會對當事人的財產有正面的幫助，但一直到行運冥王星也跟當事人的月亮形成一百二十度和諧相時，她的媽媽才將這房產過戶給她。由此可見，合盤上原有的機緣，也需要藉由行運啟動。

冥王星走的速度很慢且不固定，所以我們一輩子能遇到的行運冥王星與本命月亮一百二十度的機會很有限，當這個相位出現時，當事人在什麼樣的人生階段，就會有很大的不同。我從小是一個很受寵的小孩，原本我以為我們家真的很有錢，長大以後才發現，雖然我家的確有點錢，但主要是因為我父親很愛亂花錢，形成了很有錢的假象。不過在我二十幾歲時，父親的財務就開始出現問題，中間經驗過法院查封、債主追債等過程，所以從我二十四歲開始，就開始寫劇本，一個月我寫六七個劇本，可以賺二十幾萬幫忙父親還債——剛好這就是行運冥王星與我的本命月亮一百二十度時期。

當時台北市的房地產尚未起飛，台北市安和路三十坪的房子，只要一百多萬就可以買到，於是我在這段期間努力寫劇本買房地產，所以我父親只在山上窩居了半年，就又可以搬回台北。

對於行運冥王星與本命月亮一百二十度的行運，我是很感慨的。我小時候在經濟上很有安全感，但我父親事業出問題的那半年，完全改變了我的金錢觀念。早年我是右手進左手出的人，身上習慣穿名牌，手上戴著名表，去一趟香港就可以花掉六七十萬，但還好我在二十幾歲，就遇到了行運冥王星與本命月亮一百二十度，冥王星會帶來死亡與重生，而我在這段期間經歷的巨大改變，讓我完全改頭換面。如果早幾年發生，我根本就沒有幫助父母的能力，如果晚幾年發生，我可能已經成為成日寫詩的嬌嬌女，也幫不了我父母。我在家裡出事的前一年，還是在報紙上寫女性主義的文藝青年，但剛好就在行運冥王星跟本命月亮一百二十度的三年期間，我靠著寫電視劇本，買賣了好幾棟房子，藉由幫助家庭解決經濟困境，讓我自己也成為了一個很有金錢意識的人。

行運冥王星與本命月亮一百二十度時，常常會讓我們經驗到重要情感、金錢、家庭與人生變化的轉機，這種轉機點也會是我們的新生時期。行運冥王星與本命月亮一百二十度剛好就是我跟前男友分手，跟我先生認識的重要轉機點，對我來說，這是人生一株新冒出來的苗，我們人生有不同過程，星辰在這些不同過程中來來去去，許多人會覺得很難掌握人生方向，而這些都是仰賴我們對日常生活的體驗，我們得以慢慢體悟到一些人生道理。

▼行運冥王星與本命月亮一百八十度

冥王星往往會帶來執著，當行運冥王星與本命月亮形成剋相，當事人就很容易在跟月亮相關的資產或家庭關係中，有著很強的內在力量，通常也會對於自己想要的東西很難放手，當事人也因此容易捲入一種充滿佔有欲的關係中。月亮代表生命中的重要女性，很多人會在這段期間內跟母親、妻子、姊妹或女兒有著強烈的障礙。

以我為例，我的本命星圖中就有本命冥王星與月亮的一百八十度剋相。所謂的本命星圖，就是一個人出生時的行運盤，而行運冥王星走得很慢，所以我的本命冥王星跟月亮的一百八十度相位，意謂著我從一出生的一兩年內，行運冥王星都跟我的本命月亮一百八十度。這件事也說明了一個人在出生時遇到的行運，就會形塑出這個人的本命格局。

在《情感的合唱》一書中，我提到本命冥王星與本命月亮有剋相的人，他們常常跟母親處不來，也可能會跟姊妹有很難解的複雜關係。以我自己為例，如果拉回行運的角度，就可以看得很清楚。我大約在一歲左右，也就是行運冥王星跟我的本命月亮一百八十度時，我的母親因為受到舅舅與外婆的債務牽連，被捉進牢裡關了一個多星期——冥王星本身跟法律、債務糾紛有關，我當時才一歲，當然不可能有法律、債務糾紛，於是反映在我母親身上。也因為我母親這個時候遇到很多人生的困擾，精神狀況不佳，所以吃了很多藥物，但這個時候她已經懷了我的妹妹良雯，以致於良雯出生以後就智能不足，終生需要依賴家人的照顧。

由此可見，當行運冥王星與本命月亮形成一百八十度時，當事人有可能會遇到巨大的外界壓力，這些壓力會造成當事人的情感、家庭、金錢方面的巨大問題，就算想要放手也無法放手。這些事情藉由占星學會很有幫助，因為藉由星圖的解析，我們可以從心智上理解，當事人現在正在面臨行運冥王星與本命月亮的一百八十度剋相，所以難免會遇到這些外界困境。但星圖解析帶來的理解只是第一步，從心智的理解到真正接受，還有很長的路要走。但至少理解行運帶來的考驗，會是很重要的起點。

PART

3

行運內行星對本命月亮的影響

太陽、月亮、水星、金星、火星這五顆星是內行星，它們走的速度都很快，影響力也比較小——問題是它們也因為走得快，所以很快就會走完一圈，很快就又會形成相位。

所以，如果一個人的本命月亮有剋相，比如本命月亮跟本命土星九十，行運月亮走一圈只需要二十幾天，當行運月亮與本命月亮合相時，就會啟動當事人本命月亮與本命土星的剋相，當事人會感到很憂鬱，大約過了一週，行運月亮就會跟本命土星合相，跟本命月亮九十，當事人又感到憂鬱，大約又過一週，行運月亮與本命月亮一百八十度，同時會跟本命土星九十，此時當事人也會感到憂鬱，大約又過一週，行運月亮又跟本命月亮九十，同時又跟本命土星一百八十度，大約又過一週，行運月亮回到跟本命月亮合相，此時又會跟本命土星九十度剋相。

由此可見，當我們的本命月亮本身有剋相時，遇到行運內行星剋相，儘管作用的時間短，力道也不足以引發太大的問題，但是經年累月不斷掃過，就有可能會引發長期、慢性情緒困擾。

如果相反，如果本命相位不錯，行運月亮每個月大約會有兩次的一百二十度和諧相，就會讓當事人更加開朗。

由此可見本命月亮相位的重要。

Chapter/1

行運太陽對本命月亮的影響

很多人常常以為農民曆是陰曆，但其實農民曆是難能可貴的陰陽合曆，它包含了初一十五的月亮朔望，也包含了二十四節氣。二十四節氣是以地球繞太陽公轉一圈為一年，再劃分為二十四等分的太陽軌跡。也因此，每年的春分、秋分、夏至、冬至都會在陽曆差不多的日子出現。這也顯示出每一年太陽都會在差不多的日子，回到同樣的星座、同樣的度數。所以我們會發現每一年的行運太陽跟本命行星形成相位時，都會在差不多的日子。

很多人會搞不清楚行運月亮與本命太陽形成相位與行運太陽與本命月亮的不同。其實很簡單，當行運月亮與本命太陽形成相位，本命太陽是主體，而行運月亮是外在的影響，當行運月亮與本命太陽形成相位時，當事人的太陽相關事物，包含性格、意志、父親、自己陽性的一面，會受到外來月亮事物的影響，例如女性、家庭、食物的影響。舉例來說，有的人可能會在行運月亮與本命太陽九十度時被女同事（外在的月亮）罵，感到很沒面子（本命太陽的面子受損）。而當行運太陽與本命月亮形成相位，代表一個人的情緒、私人家庭、母親、太太、姊妹、自己女性關係部分，會受到外來事件的影響，尤其可能是受到外界男性的影響，因而造成情緒起伏。

此外，如同前面提到，每一年太陽會在同樣的時間走到同樣的星座度數，所以每一年行運太陽跟月亮形成相位的日期都會是在差不多的日子，一年會有一次合相、兩次九十度、兩次一百二十度、一次一百八十度。如果你發現每一年固定某一個日子，都會有一個固定的事件發生。例如每一年的某個時刻會忙著應酬，或某個時段特別容易有意外之財，這種固定的運勢，有可能就是行運太陽帶來的。

▼行運太陽與本命月亮合相

行運太陽走得很快，影響時間大約也都會是一日上下，而且每年都會在差不多的日子發生。在這一天，往往會有一個外在事件，造成當事人很大的情緒波動。

例如我在某一年的日記中寫到，這一天跟父母去知名的老餐廳波麗路吃飯。那天母親的胃口很不好，但當時我們都不知道母親原來是因為罹患胰臟癌，所以沒有胃口，而那也是母親最後一次外食。後來我每次想到這件事都很難過，甚至有一天我自己去波麗路時，還因為悲從中來而在餐廳裡放聲大哭。這就是一種因為行運太陽的外在事件，造成本命月亮情緒波動的例子。

▼行運太陽與本命月亮九十度

這是一個很容易一起床，就覺得心情不對，很容易起家庭糾紛的一天。在這一天，我們很容易情緒化，情緒不會很和諧，如果當事人是男性，他們很容易會跟女性產生不愉快，如果當事人是女性，她們就很容易跟女性發生不愉快。

不過雖然我們的月亮情緒會受到行運的星辰影響，但修養還是有一點用的。有修養雖然不代表你的情緒就會變好，但有修養就可以轉化、提升你的本能反應，不會遇到一點風吹草動的行運，就為你惹出不必要的麻煩。

▼行運太陽與本命月亮一百二十度

這是一個跟家人相處得很好，情緒很愉快的日子。這一天情緒會很穩定，也因為情緒穩定，所以工作與生活都會覺得很順。

順帶一提，本命太陽與本命月亮一百二十度的人通常個性都比較好，原因就在於他們一生中，即使遇到行運來剋本命月亮，都還會遇到本命太陽來協助。但如果一個人的本命月亮與本命太陽有著九十度或一百八十度剋相，當他的本命月亮遇到行運來剋，就會同時又剋到本命太陽，所以會比一般人更辛苦些。同理，一個人如果本命太陽與本命月亮九十度或一百八十度剋相，他們就不適合過大家庭的生活，他們應該要想辦法降低家庭的複雜性，讓家庭生活更簡單些，才不容易出問題。並且在選擇工作時選擇比較單純的工作，例如研究工作，才不容易出現人際問題。

▼行運太陽與本命月亮一百八十度

當行運太陽與本命月亮一百八十度時，某一些外在的事情，造成當事人情緒不安。尤其是職業、外在權威、對當事人有影響力的人（這些都跟太陽有關），會對當事人的情緒（月亮）造成影響。尤其如果當事人的本命月亮本身又跟其他行星有剋相，這一天就會覺得壓力很大。因此在這個時間要避免做重大決定，例如辭職。事實上只要不是非做不可的事，最好都不要選在這天做。因為你選擇在這天做，就表示你還沒想清楚。

相較之下，行運太陽與本命月亮一百二十度就是一個好日子，就算是要提分手，這也會是一個相對較好的日子，因為這一天你已經想清楚了。人很容易被自己的情緒所矇騙，當行運太陽與本命月亮一百八十度，往往就會是一個受到外界刺激，因而自己被自己的情緒所矇騙的日子。

Chapter/2

行運月亮對本命月亮的影響

行運月亮走的速度很快，平均二十幾天就會走一圈，也就是說，行運月亮形成相位的時間很短，很可能只有一個上午，或一個下午之類的時間，但它每個月都會出現。

如果一個人本命月亮本身有剋相，每個月行運月亮，都會跟本命月亮形成兩次九十度、一次一百八十度的剋相，就會經常啟動本命月亮的剋相，雖然每次作用的時間短，力道也不大，但是會經年累月，讓當事人感到情緒上的壓力。尤其如果遇到其他比較大的行運剋相，例如行運天王星與本命月亮九十度而造成的離婚，行運月亮與本命月亮又形成剋相時，這個日子就有可能會是整起事件的引爆點。

▼行運月亮與本命月亮合相

當行運月亮與本命月亮合相這一天，當事人會不想拋頭露面，不會想做外在的事情，而想聽自己內心的聲音。

這一天也常會遇到一些重要的內在課題，它們往往跟女性家屬有關。行運月亮走得很快，差不多大半天也就過了，但行運月亮每隔二十幾天就會繞一圈，所以它會是一個經常出現的情緒波動。尤其如果本命月亮有剋相的話，這一天就會遇到一些情緒困擾，其中又以本命月亮跟本命土星合相或九十度、一百八十度剋相尤為困擾。

像我自己的本命月亮就有剋相，且又落在三宮兄弟姊妹宮，所以每次遇到行運月亮合相本命月亮時，我就常常會遇到母親或妹妹們出一些狀況，雖然未必是大麻煩，但都會讓我的情緒有所波動。

不過學占星學最重要的目標，就是要讓我們可以透過占星學去觀察到生命的波動，因為了解這些波動，所以能放下，而不是一味的去逃避、否認這些波動。

▼行運月亮與本命月亮九十度

不管當事人本身是男性還是女性，行運月亮與本命月亮九十度時，都會很容易有很多情緒困擾，而這些情緒困擾往往跟女性、家庭的外在事物有關。這會是一個很容易有不恰當情緒反應的一天，也是一個人情緒特別龜毛的時候，所以應該要避免跟大眾有太多接觸，是一個適合避靜的日子。

這一天很容易跟親密關係中的人吵架，也很容易感到情緒上的不愉快，但是過了也就過了。也因為行運月亮走得很快，如果有寫占星日記習慣的話，就很容易可以抓出它的規律，你就會很容易發現自己會在規律的時間，為著類似的議題煩心。就像看電影一樣，藉由占星學與日記，我可以反覆的播放著自己的電影，進而從中找到自己的生命中的議題。

時出現。

▼行運月亮與本命月亮一百八十度

這會是有很多情緒衝突的一天，當事人要特別小心，重要的情感失和有可能會在此時出現。

雖然行運月亮的作用時間短，作用力也不大，但它很可能會是壓垮駱駝的最後一根稻草。例如當一個人遇到行運天王星與本命月亮有剋相時，很可能會面臨離婚的問題，而那個急轉直下的轉捩點，很可能就是行運月亮與本命月亮一百八十度那天。

也因為一百八十度剋相會帶來很大的挑戰，所以在重要的情感關係中，遇到行運月亮與本命月亮一百八十度時，都應該要特別自我控制，畢竟有一些情緒的話語，是說出口就收不回來了。

Chapter/3

行運水星對本命月亮的影響

水星代表溝通，而月亮跟內在情緒有關。當行運水星跟本命月亮形成相位，代表外在的跟溝通有關的事物，會影響到當事人的情緒起伏。至於是好的影響或壞的影響，會隨著形成的是正面相位（一百二十度）或負面相位（九十度、一百八十度）而有不同。

當行運水星與本命月亮九十度時，我們會感到不愉快，當行運水星與本命月亮一百二十度時，我們會感到愉快，但其實占星學要學的，是怎麼看出星辰的運轉，而不是一味的隨著相位起舞。我們要學的不是愉快或不愉快，而是要透過占星學，去深度理解為什麼這個相位會讓你愉快，這個相位會讓你不愉快，它背後是怎麼作用的。更重要的是，在這個過程中，我們可以更了解自己，也更理解什麼事情應該做，什麼事情不應該做。

▼

行運水星與本命月亮合相

行運月亮與本命水星合相，與行運水星與本命月亮是不同的。行運月亮與本命水星合相時，本命水星是主體，水星代表了一個人的思考、表達形式，當一個人的本命水星受到行運月亮影響，就會在表達上特別情緒化。而如果是行運水星與本命月亮合相，本命月亮就會是主體，月亮代表了一個人的情緒，當行運水星與本命月亮合相時，當事人的情緒就會比較理性、客觀，他的情緒會受到某些資訊、溝通等外在水星相關外在事件影響，而不會一味的情緒化。

▼

行運水星與本命月亮九十度

行運水星與本命月亮的相位，都是行運的水星帶來的外在事件來影響到月亮的情緒。當行運水星與本命月亮九十度時，當事人就很容易會因為一些外在的水星溝通事物，造成本命月亮的情緒不愉快。

在這段期間，當事人很容易會跟別人產生溝通障礙，這些溝通上的衝突，會讓當事人的情緒受到影響。比如這個時候常常會受到外面的批評而不愉快，也有可能會認為某些人講話不當而不愉快。

▼行運水星與本命月亮一百二十度

在行運水星與本命月亮的相位中，都會是行運水星的外在事件，影響到月亮的情緒。當行運水星與本命月亮一百二十度時，代表這段期間當事人跟別人的溝通都會比較順暢，也因為溝通的順暢，當事人的情緒都會很平穩。

但大家要注意的，是這些都只是一些外在的現象，而被說是好運或壞運。很多人在學占星時，都會很執著於「好」或「不好」，其實不管正面相位或負面相位都只是外在世界會發生的一些事件，事件本身都是中性的。如果一個人在遇到一百二十度和諧相時，因為覺得很順遂而胡作非為，等到相位過去，苦日子就要找上他了。

▼行運水星與本命月亮一百八十度

當行運水星與本命月亮一百八十度，這個時候很容易會因為外在觀念的南轅北轍，造成當事人月亮情緒的重大衝擊。尤其容易反映在跟別人觀念上的差距，而這個外在刺激，會讓當事人在各種月亮相關事物，比如自己早年的習慣、跟母親的關係、情緒與安全感等等產生衝擊，進而讓我們去反省、面對自己的情緒。

雖然這個相位會帶來情緒的不安，卻未必是壞事。也就是說，如果不往池塘丟石頭，你就不知道這個池塘到底有多髒、塵埃有多深。透過行運水星與本命月亮一百八十度的挑戰，你會更清楚你的月亮情緒、安全感的底線在哪裡。

Chapter/4

行運金星對本命月亮的影響

金星與月亮都跟情感有關，當行運金星與本命月亮形成相位，隨著相位的正面或負面，都會帶來正面或負面的洋溢情感。

金星的情感跟享樂、戀愛有關，而月亮的情感其實是一種安全感，它是一種跟家人有關的親情。

每個人對自己的情緒角色，應該要有客觀觀察。在金星的議題中，很多人有愛上癮、情感上癮的問題，如果一味將情感放在不適當的對象上，很容易就會有後遺症，這時候應該要適度的將情感放在超越個人的事物上，例如藝術，這樣才比較不會出問題。

也有很多人會將無法滿足的愛投注於物質世界，愛情至上派的人的盲點，在於他們忘了愛情並不是人生的全部，愛情與自我成長，往往無法兩全。尤其如果遇到剋相，愛情雖然很強、很野性，卻也可能令人盲目，很多人為了一時的愛情而毀掉穩定的生活，這其實是很不划算的事。

▼行運金星與本命月亮合相

當行運金星與本命月亮合相時，當事人會情感豐富洋溢。這是一個情感強烈的時段，尤其有可能和朋友在一起有奢華的需要，想要享受，而且很容易想要表達感情，會是一段比較浪漫的時刻。

但如果當事人本命月亮有剋相，這個時候就會想要放縱、花錢，想吃甜食、酒精，會想在家宴客，會想在感情上讓自己好過。

行運金星與本命月亮九十度

月亮是一種家人式的親情，而金星是一種本能的愛欲。行運金星與本命月亮九十度時，很有可能你會喜歡上不適合做家庭伴侶的人，只能談戀愛，不能結婚，沒有情緒的安全感。

行運金星能夠喚起欲望的本能，但是本命月亮會有隱約的不安。所以，就看當事人有沒有能力談這樣的戀愛。

此外，月亮與金星都是重要的陰性能量與女性性徵，如果一個人的本命月亮有剋相，當她們遇到行運金星跟本命月亮九十度時，就很容易會有月經相關問題。而從占星理論來看，女性生理與情緒，都跟月亮有關，也由此可見，經期不穩往往都跟情緒議題脫不了關係。

▼

行運金星與本命月亮一百二十度

在這段期間，當事人會感覺到溫暖、情感洋溢，很適合在家娛樂，穿得美美、美化環境。

如果當事人本來就有還不錯的親密關係，在這段期間，就能格外享受到情感的滋潤。一百二十度的和諧相雖然往往不會帶來新的關係，但它會讓原有的好關係更好。

▼

行運金星與本命月亮一百八十度

一段感情的開端很重要，因為它往往會預言了這段感情的基調。一個溫暖的情感，發生時多半不會轟轟烈烈。但這種不轟轟烈烈、慢慢順其自然的親密關係，也比較不容易吵架。而一開始就很戲劇化、很轟轟烈烈的戀情，往往後來也不容易有好下場。而這種很強烈、很熱烈，讓人情緒激昂的情感，往往就是九十度、一百八十度的情感。

不管是行運金星與本命月亮的九十度或一百八十度剋相，都常常容易帶來情感的新騷擾、新激盪。尤其金星（金錢、虛榮）與月亮（安全感）的一百八十度對立，有可能會是一段奠基於出賣、金錢、權力的親密關係。在行運金星與本命月亮一百八十度時，當事人在這段期間的情感（金星）與情緒（月亮）對立，所以很容易被不適合撫慰當事人情緒的人吸引，因而捲入不溫柔的戀愛中。

也因為這個時候當事人會想要藉由永遠某些東西來填補心中的欲望，所以很容易亂花錢。因而一定要小心財務狀況，不要隨便借貸或亂刷卡。

Chapter/5

行運火星對本命月亮的影響

火星與月亮的能量特別不合，它特別容易刺激月亮，尤其如果月亮本身有負面相位，它特別容易會透過實際的事件，將月亮的負面狀態表達出來。

尤其火星往往會用火爆衝突的方式，來展現它的能量，而月亮這顆星期待的溫柔與安定，當行運火星與本命月亮形成相位，除非形成的是一百二十度和諧相，否則都或多或少會造成月亮的壓力，讓月亮的情緒變得不穩定。

行運火星與本命月亮合相

在這段期間，當事人會感到不高興，但搞不清楚是為了什麼，尤其容易跟自己親近的家人、女性發脾氣。情緒的出口，會是熟悉的人。

行運火星與本命月亮合相，跟行運月亮與本命火星合相不同。當行運火星與本命月亮合相時，本命月亮的情緒是主體，而行運火星是外在事件，此時就算是平常個性很溫和的人，當行運火星來合相，當事人都會變得特別煩躁，也很容易發脾氣。而當行運月亮與本命火星合相，這時本命火星的脾氣是主體，它會受到行運月亮相關事物影響，其中包含了家人、女性或跟家人有關的事情，而讓當事人火星的脾氣變得不太能充分展現，但當事人未必會覺得不高興。

▼行運火星與本命月亮九十度

在這段期間，很可能會有外在事件影響到心理情緒，也可能會是一些外在的爭吵，讓當事人在家庭生活出問題。

這些情緒的不安，可能來自於長期的不合，而這種不合在行運火星與本命月亮九十度時引爆。在這個時候，要特別小心在家裡（包含了自己家或別人家）出現的傷害事件，尤其是燙傷、割傷、刀傷、眼睛受傷等血光之災。

如果從能量的角度來看，行運火星與本命太陽九十度時，外在的火氣會透過太陽表達出來，當事人在這一天會很容易對別人發脾氣。而行運火星與本命月亮九十度時，由於月亮不像太陽那樣會將能量傳到外界，情緒的出口就容易轉向自己，比較容易生悶氣。也就是說，當事人這個時候有可能會有一些情緒上的小憤怒，但是無法發出來，所以轉了一個方向來發洩，結果傷到自己。舉例來說，家庭主婦在家裡生悶氣時，就有可能會一不小心燙傷或切傷自己。

▼行運火星與本命月亮一百二十度

這會是親密關係中特別熱情的時刻，不管做什麼事情，都容易有強烈的情感。也因為行運火星會帶來和諧的勇氣與行動力，行運火星與本命月亮一百二十度時，也很利於本性害羞的人、膽小的人去表達感情。

火星也跟性有關，在行運火星與本命月亮一百二十度時，也適合跟有安全感的對象上床，可以因為性愛的滿足而得到情緒的滿足。

▼行運火星與本命月亮一百八十度

當行運火星與本命月亮一百八十度時，當事人會受到外界很大衝突，常常會遇到外界莫名奇妙很不禮貌、暴烈的處境，讓當事人情緒受到衝擊。也很可能會遇到特別麻煩的人，對當事人的情緒造成影響。或者是自己的情緒很不對勁，讓家人、配偶緊張。

行運火星的一百八十度剋相，也很容易反映在來自外界的暴力。九十度與一百八十度的差別，在於行運火星與本命月亮九十度，是因為生悶氣而自己傷到自己，行運火星與本命月亮一百八十度，尤其如果本命月亮有剋相，就要特別小心外來的暴力，不要讓別人不小心傷到你。

此外，小朋友遇到這個相位時，也要特別小心，不要讓他們接近熱水跟火。尤其本命月亮有剋相的女性，這個時候都需要格外小心自己的人身安全。例如彭婉如的本命星圖中就有月亮冥王星剋相，而她就是在行運火星與本命月亮一百八十度時，遇到了震驚全國的彭婉如命案。

不過一般來說，火星只會帶來暴力，也就是打人、被打或一般的刀傷、燙傷，它跟性侵的關係不太大。跟性侵關聯很強的是冥王星，尤其本來本命月亮就跟冥王星（不管是本命或行運）有剋相的人，在行運火星又來剋時，都必須要格外留意跟性有關的人身安全。

PART

4

行運外行星對本命金星的影響

在占星學中，木星、土星、天王星、海王星、冥王星這五顆星被稱為外行星，它們的行進速度慢，影響的時間比較長，作用力也比較大。

當這五顆星跟本命金星產生相位，就會有來自外界的重要事件，如果是行運木星、行運土星這兩顆社會星，就有可能會伴隨著跟社會潮流或社會現實相關的事件，如果是行運天王星、海王星、冥王星，就有可能會是更大的集體意識中的無常、夢想或激情，導致我們的情感生活與金錢方面，產生巨大的變動。

Chapter/1

行運木星對本命金星的影響

行運木星每十二年走一圈，平均每一年走過一個星座。所以每隔十二年，我們會遇到行運木星與本命金星合相或一百八十度一次，行運木星與本命金星一百二十度和諧相兩次，行運木星與本命金星九十度兩次。

木星是一顆吉星，它會帶來社會資源與正向樂觀的態度，但它本身與男歡女愛的關係不大。它不像行運天王星會帶來不顧社會道德的衝動，不像行運海王星會帶來不切實際的思念，也不像行運冥王星會帶來刻骨銘心的糾纏。原因在於木星是社會星，它不像天王星、海王星、冥王星會帶來強大的行動、心動或控制欲。

在十顆主要行星中，月亮、金星、木星這三顆星都跟金錢有關，月亮是跟家庭、安全感與基本開銷，金星是經由個人才藝與人緣得到的金錢，而木星是社會資源，其中包含了金錢、人脈、名聲、知名度等等。當行運木星與本命金星出現相位時，尤其是合相或一百二十度和諧相，往往會是一個經由木星的社會資源，來帶動金星的才藝與人緣，讓自己的收入或人氣更上一層樓的好時機。

▼行運木星與本命金星合相

行運木星與本命金星合相會增加出入社交場合的機會，而且會發現自己變得比較受人歡迎，很容易變成社交圈中心，生活也會變得比較忙碌，會跟很多人有較多的合作機會，曝光度也會變得比較高。此時也會有異性緣增加的現象，但這可說是一種「社會桃花」，當事人會因為有很多跟社會有關的行動，而導致桃花旺盛，但這些都不是跟情愛有關的桃花。木星也跟異國、教育、文化有關，當行運木星與本命金星合相時，當事人也可能會有異國桃花，但這種異國緣與其說是桃花，不如說是一種對於異國文化的好奇。

木星是一顆讓人增廣見聞之星，在行運木星與本命金星合相時遇到的桃花，都不像行運冥王星或行運海王星與本命金星形成相位時這麼讓人沈迷，原因在於行運冥王星與行運海王星的相位，都跟過去世有關，是從過去世來到今生再續今生緣，而行運木星與本命金星合相的桃花，則是藉由人與人之間的交往，來讓自己增廣見聞。

行運木星與本命金星合相的戀愛，無論事前還是事後，這段戀情都可以為當事人帶來視野的提升，就好像是透過一個人去認識一個世界一樣。所以行運木星與本命金星的戀情通常都是比較有趣、比較自由的，事後也不會有太多糾葛，但它也常常容易讓人覺得容易喜新厭舊。

此外，由於木星十二年就會走一圈，所以我們人生中，會遇到很多次行運木星與本命金星合相，大多數都會有一種來得快去得也快的感覺。也因為這種戀情沒有太多糾葛，不太會陷入苦戀，所以結束之後也不會令人感到很不愉快。即使後來分手，分手後也還是會讓人有一種精神上或物質上的豐富感。

金星與木星都跟金錢有關，行運木星與本命金星合相時，意謂著當事人此時會有資產增加的可能性，而這種可能性都會跟社會資源有關。例如股票就是一種社會財，得獎也是一種社會財。尤其如果從事的是跟藝術相關的工作，在這個時候很容易得獎，容易獲得很大的贊助。我曾經在行運木星與本命金星合相時，送了幾次稿件參賽，也因而得了好幾次獎。而木星跟金星也都跟花錢有關，既然這段期間都會是當事人手邊比較寬裕的時期，所以當事人都會比較大方，花錢不手軟，他們都會很願意花錢享受舒適生活，對自己對他人都很大方。也因為他們這段期間很大方，所以也容易建立起良好人脈，讓大家都喜歡他們。

▼行運木星與本命金星九十度

行運木星與本命金星九十度時，意謂著我們會經歷一些比較不穩定的關係。如果當事人本來就有喜歡享受、喜歡亂花錢的問題，就要特別注意，這個時候因為行運木星帶來的過度樂觀，很容易會讓自己有錢很多、錢花不完的假象，因而在金星相關的享樂、社交、珠寶等奢侈消費上花了太多錢。此外，也因為這個時候行運木星會帶來過度樂觀的心態，所以也很容易在投資理財方面過度輕忽，結果花了大錢去做一些華而不實的投資。

除此之外，在這段期間，當事人都會變得比較愛玩，也有可能會去談一場不可靠的戀愛。但是，木星畢竟是吉星，就算這個時候談了一場花蝴蝶式的愛情，也不會對自己或對對方帶來很大的傷害，負面的木星頂多會讓人感覺浪費時間與金錢，但它不會造成創傷，甚至事後回想起來，還會覺得其實滿好玩的。木星的負面只會讓人產生許多不理性和不切實際的想法，但是即使當事人可能因為過度大膽、輕忽而看錯了人，行運木星和金星負面相位的問題也不至於那麼嚴重，至多只是無法修成正果，不會造成太大傷害。

▼行運木星與本命金星一百二十度

行運木星與本命金星一百二十度，通常是我們財務狀況較好的時期，但它會是一個收成而非投資的時期。原因在於行運木星走得非常快，行運木星掃過本命金星形成有效相位的作用力，時間不過一兩個月，如果等到行運木星與本命金星相位出現才要進場投資的話，還來不及獲利，木星就已經走了。

就跟農人耕種一樣，法國酒莊的葡萄農，都會算準夏末陽光最好的前幾個月，就先把葡萄種下去，而不是等到夏天陽光最好的時候才開始種。原因在於夏末之後就是雨季，下雨之後的葡萄就釀不出好酒，如果時間沒有算準，等到雨季葡萄都還沒長出來，就會血本無歸。

行運木星與本命金星一百二十度的問題，反而出在這個時間榮景一片，而且不像九十度是虛幻的榮景，一百二十度和諧相帶來的是真正的榮景，可惜好景不常。很多人在這段時間會想要加碼投資，但千萬不要，否則很可能種子還沒長出來，陽光就已經遠離。

行運木星與本命金星一百二十度時，會有一些偏財運，但與其期待不勞而獲，不如好好耕耘。金星是一個人的美學品味所在，金星是一個人本能喜好的才藝，我在行運木星與本命金星合相與一百二十度時都有得過獎。想要得獎，就得要先把作品做出來。否則等到行運木星與本命金星一百二十度時，很可能就只是口袋很寬裕，心情很愉快，這一兩個月時間吃了很多美食，躺在沙發上看了很多電視，就把好運用掉，實在非常可惜。

行運木星與本命金星一百二十度時，也容易得到一些短線的小錢，行運木星與本命金星一百二十度好相位，會讓人有一種搭上順風船的感覺，但這未必是好事。我有個朋友在行運木星與本命金星一百二十度時，為了拍電影而去申請輔導金，結果很快的把錢用完，後來賣座也賣得很差。不過話說回來，木星畢竟是一顆吉星，如果沒有申請到那筆輔導金，很可能一開始連電影都拍不出來。

行運木星與本命金星一百二十度，也是會有桃花的時期，但如同前面說過的，行運木星與本命金星合相，木星帶來的都會是一種「社會桃花」，它的本質是一種積極、正向的社交活動，它固然可以成為一段戀情的開端，但戀情能不能走下去，還是得看雙方合盤中，是否還有土星或冥王星等重要相位。

行運木星與本命金星一百二十度的短線財運，很容易流走，想要拿它來做長線規畫恐怕很難，行運木星與本命金星一百二十度的戀愛運，也不太有辦法發展成刻骨銘心的愛戀，但行運木星與本命金星一百二十度的好運，卻很適合拿來學東西，尤其是學一些金星有關的自己本來就很喜歡的才藝。要知道木星的金錢來來去去，但木星的知識與智慧是別人拿不走的。

▼行運木星與本命金星一百八十度

行運木星與本命金星一百八十度，是財務投資最危險的時候，在這段期間的投資，很可能會有去無回，問題是這時往往也是當事人最想發財的時候，而且也是當事人覺得機會大好、穩操勝算的時候，可惜不是如此。

一百八十度的對立，往往會反映在外在環境（例如時機不對）的重大差錯。前面提到的葡萄園，對酒莊來說，最好的時機當然是曬滿到降雨之前的前一天，但一百八十度相位，很有可能就是賭錯了日子，採收的時候已經開始下雨，因而血本無歸。

行運木星與本命金星一百八十度，也是一個人很容易濫情的時候，很多人很容易在這段期間，對一些不可靠的人產生幻想，或做一些不切實際，大而無當的計畫，而這些計畫容易讓當事人陷入錢坑。所以，我們要記得，這段期間絕對不能相信自己的判斷。因為這個時候我們拿到的資料不管多正確，我們都有可能會誤判情勢。

遇到行運木星與本命金星一百八十度剋相時，我們一定會自信滿滿，認為自己根本不可能輸，但越是有自信，越會摔一個大跤。我們這輩子活著，背後都有一個很大的宇宙計畫，有的時候我們要學習「贏」，有的時候要學習的是「輸」。行運木星與本命金星一百八十度，就是宇宙要讓我們學習「輸」的功課，如果沒有輸過，我們的靈魂永遠不懂輸是怎麼一回事。但輸也有小輸與大輸的差別。在這段期間，如果能夠降低投資金額，這樣就算是輸，也不會輸到永遠無法翻身，如果能夠用小輸，就像交學費一樣學會這門功課，也等於是買到了一個很好的人生經驗。

Chapter/2

行運土星對本命金星的影響

行運土星平均二十九年半走一圈，所以我們大約平均七八年，會遇到行運土星帶來的剋相或合相。

土星會帶來現實壓力，當行運土星與本命金星出現合相或九十度、一百八十度剋相，當事人都會覺得自己的金星想要享樂、想要戀愛的情緒會因為土星而感到掃興。即使是行運土星與本命金星的一百二十度和諧相，當事人也會覺得好像應該要用自己的金星天分、美學，去做出一番正事，而不是拿去談戀愛跟享樂。

土星與冥王星都是業力星與現實星，這兩顆星都會在現實生活中顯示出真正的事件，而不會只是在心裡想想，卻沒有實際行動。但土星與冥王星最大的不同，在於土星是一種實際的責任，而冥王星是一種激情。冥王星會讓人又愛又恨，而土星則既不是愛也不是恨，土星會讓人願意負責，讓人願意面對現實，也許會帶來一些怨，但沒有強烈的情緒波動。也因此，行運冥王星與本命金星形成相位時，往往會跟痛苦的三角關係有關，而行運土星與本命金星形成相位時則否。因為行運土星與本命金星合相時，當事人很容易陷入某一種有責任的情感關係裡面，可是本人的感受這時是很不浪漫的。行運冥王星與本命金星合相時，雖然當事人也沒有辦法產生一種浪漫的感覺，但是這個戀情至少是比較激烈的，會讓彼此陷入瘋狂狀態。

▼行運土星與本命金星合相

行運土星與本命金星合相，當事人會進入一段關係，這段關係雖然會讓人覺得有點乏味，好像跟對方形成一條鎖鏈，成為被綁起來的關係，甚至還有點沈重，可是當事人還是忍不住想要跳進去，而其中往往不乏現實考量，例如對方具有一定程度的經濟條件，雖然有點無趣，卻能夠提供現實保障。也因為土星具有現實與穩定的特質，所以很容易會碰到可以結婚，或可以形成較久關係的對象。

以容易結婚的行運來看，最容易結婚的相位，就是行運冥王星與本命月亮合相，以及行運土星與本命金星合相。金星原本是一顆跟結婚無關的星，但行運土星與本命金星合相除外，原因在於土星是一顆宿命星，行運土星與本命金星帶來的戀情，意謂著雙方在過去世有家人的緣分，所以這輩子願意穩定下來，跟對方形成長期關係。就算最終沒有走進婚姻，也會是一段比較持久、比較穩定的情感關係。

行運土星與本命金星合相的感情有以下幾點特質：第一，對方可能是一個年級較大的人；第二，對方可能具備某一些社會位階；第三，對方會讓當事人會產生安全感；第四，在一起的時候雙方都會對彼此有種現實考量，覺得彼此是可以在一起這樣的感覺。雖然這四件事都沒有浪漫的特質，可是卻具備了理性考量與現實感，所以反而很容易在現實生活中落實，也比較能持久。

▼行運土星與本命金星九十度

行運土星與本命金星的九十度剋相，意謂著這段期間，會讓我們原先的情感冷卻，進入低潮期，甚至分手。金星也跟金錢有關，在這段期間，會讓很多人感到手頭很緊，遇到財務低潮。更有很多人會在這段期間，同時經歷財務與情感的低潮。我們經常發現，一對夫妻如果手頭寬裕，情感就不會太差，因為可以靠著金錢、享樂，來彌補彼此之間的問題，但貧窮夫妻百事哀，當手頭拮据時，情感生活的經營就會更為困難。也因為這段期間會有資金調度問題，所以應該要及早準備，以免等到相位來臨時，遇到資金困難。

行運土星與本命金星九十度或一百八十度，都很容易因為情感冷卻而分手，差別在於九十度時，當事人容易因為自己的情感低潮，而想要主動求去，而一百八十度時，比較容易是因為對方情感冷卻，對方無法再忍耐下去而提分手——不過這只是占星學理，在現實生活中，還會有很多其他因素影響，不見得會這麼清楚的用二分法來解釋。

前面提到，土星與冥王星都是現實星與業力星，它們都會對現實生活造成真正的影響，但行運土星與本命金星九十度，也與行運冥王星與本命金星九十度有很大的差異。行運冥王星與本命金星九十度時，雖然也會想分手，但情況很複雜，冥王星的強烈愛恨，有可能會反映在當時還有其他第三者攪入，因而造成很多糾葛，也因為不甘願，所以反而沒那麼容易分手。而行運土星與本命金星九十度時，往往都是情感變淡、冷卻，不願意再繼續熬下去，就算有新戀情，也會是先跟前任伴侶情感冷淡之後，才將目光投注他人，所以不會前後任糾纏不清，變成三角關係。也就是說，行運冥王星與本命金星九十度時，前一段感情還沒有結束，也還不願意放手時，後一段感情就來糾纏，是一種新舊交織的兩難，而行運土星與本命金星的九十度剋相是舊的不去、新的不來，一段感情已經冷卻，就沒有理由再勉強彼此繼續在一起了。

▼行運土星與本命金星一百二十度

行運土星與本命金星一百二十度時，當事人會跟自己伴侶關係形成比較穩定的狀態，比較像老夫老妻的穩定關係，會對人生、財務小心安排，這是一個愛情與麵包兼顧的相位。也因為一百二十度是和諧相，行運土星與本命金星一百二十度時，選擇結婚或同居，會是一個很好的時機，因為婚姻本質需要某種程度的穩定和理智。這個相位代表這段關係具有一定的現實基礎，雙方都經過理性判斷才下了決定。首先，我們在這段期間不會挑選不可靠的人當伴侶，而且這段期間，雙方的財務狀態也會比較穩固。

此外，這個相位也很利於事業上的進展，尤其當事人如果從事的是跟金星有關的美術、娛樂、公關，甚至政治人物，在這段期間當事人都會很務實、穩固的發展自己的天分。來往的客戶與合作夥伴，也都會很務實，能夠給予實際的協助。

一個人如果本命星圖中金星相位不錯，尤其是本命金星與本命天王星、海王星有相位的話，當事人金星美感，就能受到天王星、海王星的宇宙級啟發。但問題是天王星與海王星都是非現實之星，它們很不穩定，也不務實。所以如果當事人遇到了行運土星與本命金星的一百二十度和諧相，就會在這段期間很務實，也很願意穩定的將作品做出來。

▼行運土星與本命金星一百八十度

行運土星與本命金星一百八十度剋相，會讓當事人在這段期間遇到情感上的困難，尤其是跟外在環境有關的壓力。也就是說，很多人在這段期間，容易在親密關係中遇到很大的阻礙，因而被迫分手。九十度與一百八十度的差異，在於九十度會令人陷入兩難，而一百八十度時，當事人往往會是因為外在環境而不得不分手，其中最常見的，就是被分手。不過影響九十度與一百八十度的各種變因很多，所以並不能完全很單純的用「主動」或「被動」分手來做區分，但無論是哪一種狀態，這都會是當事人在情感生活中壓力很大的時期。

行運土星會帶來現實壓力，會讓本命金星的情感枯竭。這個相位對從事金星相關工作的人，例如美術、創作、公關等等，都會是非常艱困的時期。原因在於美術、創作、公關之類的工作，都是一種情感相關工作，它需要當事人投入很多感情，才能做出好成果。但當本命金星與到行運土星的一百八十度剋相，不只當事人自己情感枯竭，外在環境也可能會出現許多現實因素，讓當事人無法展現出金星的才藝。

在行運土星與本命金星的一百八十度剋相期間，不管是感情、金錢方面，都會面臨很大的壓力，這個時候我們不妨將情感放空，不要執著於一定要用自己的金星，去碰土星這顆釘子。如果自己本命星圖的水星不錯，不妨就去多多發展自己的水星，如果自己本命星圖的火星不錯，不妨就去多多發展自己的火星。懂得全面性的運用自己的星圖，才不會陷入行運的牛角尖中無法自拔。

Chapter/3

行運天王星對本命金星的影響

在日月水金火、木土天海冥這十顆星中，日月水金火都是個人行星，它們都是小範圍內的個人意識的一部分，而木土天海冥則是較大範圍的社會潮流、世代潮流，甚至超越個人意識，進入到宇宙的集體意識範疇。

木星與天王星都是一種智慧，差別在於木星是社會星，而天王星是宇宙星，木星雖然是社會資源，但它其實也只是一種社會當下的流行，木星受限於每個社會的獨立價值觀，例如說美國價值觀和阿拉伯價值觀，顯然會有很大的差異，美國的智者到阿拉伯有可能視為無用之人。但是天王星跟木星是不一樣的，它超越了社會限制，它代表著宇宙集體意識和智慧。天王星的智慧不會因為更換居住國家而不被認可，但天王星的智慧也可能不適合那個地方和國家的土木智慧，甚至不見容於當代、當地。不過無論如何，天王星的智慧都高於木星的智慧。

當天王星與金星有相位，不管是本命、人際合盤或行運，天王星的奇特、前衛，都會帶來非比尋常的愛，它會超越社會倫常的道德標準。例如一個少年愛上比他大二十歲的嬸嬸或老師，或在種族隔離年代的異族相戀。這些事情放在不同的年代、不同的社會環境，都會算是比較特別的愛，但放在不同的社會倫常標準，就很可能會遇到很大的阻礙。

天王星與土星是完全相反的兩顆星，土星注重的是現實規範，而天王星要的是打破現實規範。當行運天王星與本命金星出現相位時，當事人會在情感方面出現很大的反抗性，他們會勇於挑戰社會成規。相較之下，當行運土星與金星出現相位，會讓我們就物質世界的理性面，來思考當下此人適合我們需求，但是感性不見得會認同這個人。所以如果一個女生遇到了行運土星與本命金星形成相位，她們就會依照現實考量，去跟比較有物質基礎、比較有擔當的男人交往。而如果她遇到的是行運天王星與本命金星的相位，她就會完全不顧物質世界的價值，跟很奇特或很不可靠的男人交往。

▼行運天王星與本命金星合相

行運天王星每八十四年走一圈，所以大多數人這輩子頂多只能碰到一次行運天王星與本命金星合相。

在這段期間，當事人容易經歷到比較不符合倫常的戀情，感情會以一種奇怪的方式出現，而且對方很容易是天王星特質比較較強的人，例如天王星有很多相位或有重要行星落在寶瓶。在這段期間，我們很容易經歷非主流、非傳統的情感關係，可以在這段關係中，用跳脫傳統的角度來對待感情。也有可能會在很短的時間內，結束一段舊感情，或開啟一段新感情。

行運天王星與本命金星合相的戀情有著各種樣貌，也許是不同文化、階級、傳統、年紀，或者對方是已婚、同性等等。所有這些不合傳統的情感，都有個共同的特徵，就是都在剎那之間發生。絕對不會考慮很久，一定會在短時間內強烈的投身到這段關係之中。

我認識一個男生，他在很年輕的時候，遇到行運天王星與金星合相，當時他愛上了一個比他大二十幾歲的女人，但也因為兩人的年紀差距，所以從一開始，他們就沒有打算要在一起，但即使在很短暫的時間在一起，也很刺激、特別，而不像一般談戀愛那麼溫柔甜蜜。

行運天王星與本命金星合相，意謂著行運天王星走到了跟本命金星相同的星座，而本命金星本身落在什麼星座，就會有很大的差異。如果本命金星在牡羊，當事人的情感本來就很大膽，又遇到行運天王星牡羊來合相，就會非常驚人。但如果本命金星落在摩羯，當事人的情感本來就比較保守，又遇到行運天王星摩羯來合相，雖然對當事人來說，也會是一場驚世之戀，但其實看在外人眼裡，驚嚇的程度其實沒那麼嚴重。

此外，行運天王星與本命金星合相時，落在什麼宮位也有很明顯的差異。如果是落在跟戀愛有直接關係的五宮、八宮，通常就會是一場轟轟烈烈的戀愛。如果是落在十宮，就很容易顯現在事業上的巨大突破，這一點對從事演藝工作的人格外重要。很多從事演藝、美術的人的本命金星都在十宮，原因在於十宮是社會舞台，本命金星落在十宮，代表這個人的美，會放在社會舞台上被世人所見，當行運天王星又進入十宮，跟本命金星合相，就會帶來事業上的巨大突破。如果本命金星落在十二宮，十二宮是隱藏之宮，本命金星十二宮的人的感情都很隱晦，行運天王星進十二宮時，當事人會遇到一些跟情感有關的莫名其妙的事，它雖然依然很隱晦，外人未必得知，但當事人都會感受到自己內心的波濤洶湧。

行運天王星與本命金星合相帶來的情感通常很短促，它有可能在很短的時間內讓人分分合合，也有可能在一兩年內的行運期間換了好幾任。但有時候我們也會發現，很多人在行運天王星與本命金星合相時談了一場驚世之戀，後來又拖了三五年，這通常會是因為雙方的合盤中還有很多其他相位，尤其是還有土星、海王星、冥王星相位，否則天王星如閃電，它不太可能持久。

我在行運天王星與本命金星合相時談了一場戀愛。對方是一個有很多星落在寶瓶（天王星特質）的人，從事的是電影工作（天王星式的工作）。在這段期間，我們分分合合，兩個人都還偷偷跟別人交往（也是天王星式的非傳統與不穩定）。由於我們之間還有土星與海王星相位，所以斷斷續續交往了四年才分手。

後來我學了占星之後，才深刻的認識到這段天王星之戀的本質——不是每段戀情都適合走到最後，這的確是一次奇特的戀情，但在時過境遷之後，它不是會讓我留戀的一段戀情。行運天王星與本命金星合相，是要讓我們體認到世界上有一種戀情，它可以不顧土星的現實，不顧冥王星的佔有欲。大多數人都會有一種假定：如果我們在戀愛中不忠誠，就是不夠愛對方。而天王星與金星相位則推翻這種假定，我們很有可能在一段感情中不忠誠，但我們依然很愛對方。愛有許許多多面向，而天王星之愛，就是這麼跳脫框架。

行運天王星與本命金星九十度

行運天王星與本命金星形成相位時，當事人都有可能會發生超越世俗之愛。不同的地方，在於行運天王星與本命金星合相時，當事人對這段戀情不會感到恐懼，而九十度剋相會。行運天王星與本命金星九十度時，當事人往往會覺得自己不該愛上這個人，因而感到恐懼。如果是合相，雖然當事人也自知不該愛上對方，但會覺得愛上就愛上，沒什麼大不了。行運天王星與本命金星合相，追求的是沒有約束之愛，但行運天王星與本命金星九十度不是。舉個例子來說，如果一個女生遇到行運天王星與本命金星合相，她會遇到一個不負責任的男生，但她覺得沒關係，因為她很可能也並不想嫁給他，她只是想要體驗一場雲霄飛車式的戀愛。但如果她遇到的是行運天王星與本命金星九十度，就很可能會是遇到了一個不負責任的男人，但她想要嫁給他。她一心想要跟這個人白頭偕老，可是這個人卻只想要跟她一夜情。

行運天王星與本命金星合相時，當事人遇到的會是一個獨特的對象，他們並不會有不認同對方的問題，但行運天王星與本命金星九十度時，當事人往往一開始就有一點疑慮，比如有種族問題或年紀很大，讓當事人一開始就覺得有一點怪怪的，但又沒有辦法克制。也因為他們一開始就對這段關係有疑慮，所以根基不穩。從另一個角度來說，行運天王星與本命金星九十，意謂著當事人沒有準備好，所以更容易分手。

金星也跟金錢有關，如果本命金星落在二宮或八宮，行運天王星就有可能會造成金錢與價值觀的混亂和不適應，就有可能會破財。

行運天王星與本命金星一百二十度

當行運天王星與本命金星的一百二十度相位，意謂著當事人有機會遇到一段開放式的情感關係，在這種自由、開明的關係中，不會感到情感的壓力。

大家可能會覺得現代人很容易離婚，但其實一紙婚約的約束力很大，當我們結婚以後，金星往往就像熄燈一樣，不再對外開放，除非等到行運天王星、海王星、冥王星來啟動，才會產生足夠的力量讓它蠢蠢欲動。而其中又以合相或九十度、一百八十度剋相比較有機會引動婚外情，一百二十度則比較容易導向高等心智或靈性，而不太會反映在婚外情上。

也因為一百二十度是一種和諧的能量，行運天王星與本命金星的一百二十度和諧相往往不見得會反映在小情小愛上，它很可能會反映在金錢、美學品味或社交生活上。對從事藝術創作相關工作的人來說，在這段期間容易有突破性的進展，尤其可能會跟高科技有關。

在日月水金火這五顆內行星中，水金火各自是不同的藝術才華。水星跟寫作、演講有關，金星跟美術有關，音樂則跟水星與金星都有關，而樂器演奏則同時牽涉到水星、金星與火星。在天王星與海王星中，海王星是藝術星，所以水金火跟海王星有相位的人，都會具有一定程度的藝術天分。此外，海王星也跟醫藥有關，我們常會發現，有很多醫生很會畫畫，原因就在於不管是藝術或畫畫，都歸海王星管。

我身邊有很多電影、電視人，其中不少有本命金星與海王星相位，這很合理，但也有不少電影人有本命金星與天王星相位，工程師出身的電影人很多。原因在於天王星跟「電」有關，不管是電影或電視，本身都是一種科技產物。而當一個人遇到行運天王星與金星一百二十度，當事人就有機會因為天王星的前衛，而讓自己的金星的美學或金錢相關的領域有所突破。

▼行運天王星與本命金星一百八十度

行運天王星與本命金星的九十度或一百八十度剋相，都代表當事人在當下的情境之中，找不到更好的出口，因而容易陷入一段不尋常的情感之中。

舉個例子來說，很多男人在中年危機時會忽然臨老入花叢，想要藉著外在事物來回春，結果陷入愛情漩渦。但其實如果當事人內在充滿年輕心態，事實上根本不需要對外尋求第二春。一百八十度的剋相，常常會顯現在外在環境的刺激，不是當事人自己想改變，而是因為外在環境改變，因而逼使當事人不得不去面對。當行運天王星與本命金星一百八十度的外在處境，也有可能會反映在當事人的另一半，忽然告訴他們已經沒有感情，想要離婚，所以當事人被動的被離婚。

行運天王星與本命金星的一百八十度相位，代表當事人會想要追求外在的刺激行動，讓人脫離現在的疲倦情感，很多人會在這個時候去流浪、冒險或賭博，或者忽然穿很多奇裝異服，也有可能去參加高空彈跳之類的活動。

行運天王星與本命金星一百八十度時，也有可能會反映在婚外情上。但其實這並不是真正的愛上了誰，而只是想要藉由外界刺激，來喚醒自己疲憊的金星。前面提到，天王星跟高科技有關，以現代人來說，其實在行運天王星與本命金星一百八十度時，最常見的就是忽然沈迷於網路，整天掛在網路上而無可自拔，有些人沈迷於網戀，也有人沈迷於網路遊戲——這就是一種「天王星外遇」。但其實不管是沈迷網路、網戀或網路遊戲都不見得是負面的事，只是當事人要意識到，其實重點是要讓自己的金星回春，而不能一味依賴外界刺激。保持一顆年輕的心，才是讓金星煥發的真正方法。

行運海王星對本命金星的影響

海王星代表了我們在輪迴當中所累積的某種集體經驗，它是一種多生多世對於理想的愛的渴望。海王星所在的星座，標示了這個渴望會用什麼樣的方式出現。海王星落在天蠍，代表當事人渴望是比較深刻的情感；海王星落在獅子，代表當事人渴望是一種比較大眾化、戲劇化的情感；海王星落在人馬，當事人渴望的是一種比較具有理念、具有道德的情感。

海王星是我們對於靈魂之愛的渴望，當行運海王星與金星合相，當事人就會在這段期間特別感受到對靈魂之愛的憧憬，會想要追求一種理想性的愛。但也因為海王星是一顆非現實之星，行運海王星與本命金星合相時，我們常會沈迷於一種理想性的愛，殊不知我們只是愛上這個愛的本身，而不是身邊這個人。因為這個時候，我們並無法分清楚當下這個人是怎樣的，我們更多的是注意到這個愛的狀態。

行運海王星與本命金星出現相位時，當事人就很容易陷入一種愛戀當中理想化、浪漫的感覺，這種情感與行運天王星、行運冥王星或行運土星有很大的不同。

海王星與暗戀有關，當行運海王星與本命金星合相，經常會反映在不切實際也不需要實際的戀情上，它很有可能是暗戀，或者是對於偶像的迷戀。暗戀之美，在於我們不需要擁有對方，甚至不需要讓對方知道。常有人會暗戀一個人長達三年、八年甚至更久，而且往往並不是真的想要跟這個人在一起。

從土星或冥王星這類現實星的角度來看的話，會認為暗戀這件事很不划算，因為暗戀等於是將自己的情感，投射到一個不可能會得到結果的目標上面。相較之下，土星會想要將情感落實於生活中的現實與責任，而冥王星則會想要將情感佔有，不容他人分享。

只有海王星的愛是不管對方做什麼，當事人還是會繼續愛著對方，所以海王星的愛，往往容易被整個社會當做是最愚蠢的愛，可是這個愚蠢的愛裡面有它自己的奇異特質，因為這種愛與靈性、宗教和藝術有關。就像很多人愛藝術，但並不想從藝術之中獲取回饋，或者對神的靈性之愛，它也是不求回報。也因此海王星是藝術星，也是靈性星，它是一種宗教之愛，而非塵世之愛。

不過也要注意的，是金星是一顆跟金錢有關的星，當行運海王星與本命金星出現負面相位，當事人就有可能在情感跟金錢方面過於大意、過於相信別人，結果造成情感與金錢方面的雙重損失。

▼行運海王星與本命金星合相

有別於土星與冥王星的現實，天王星與海王星都很超脫現實，兩者的差異，在於天王星追求的是一個新鮮感的刺激，因而也會比較快結束，因為再怎麼新奇、新穎的東西，再過兩三年都不會新奇了。而海王星要的不是新鮮和刺激，它要的是一個當事人靈魂當中比較熟悉和理想的東西，所以當當事人在海王星行運時期碰到對象，這種情感是比較難消失的，一個人暗戀另外一個人的時候，這種暗戀其實很難消除。就算當事人已經跟其他的人在一起，午夜夢迴可能還是會經常思念自己的海王星之愛。不過海王星的戀情，通常只能存在於靈魂層次，往往經不起現實考驗。如果你暗戀的對象突然想要跟你交往，真正面對現實的時候，你可能一個月就受不了了。海王星之愛其實就像做夢，如果夢境變成現實，我們就很容易感到失望，這段感情也很容易被現實給結束掉。

也因為海王星與現實、佔有欲無關，而跟做夢與理想有關，所以行運海王星與本命金星合相，最容易激發出一個人藝術創作的靈感。很多藝術家的本命星圖中，都有本命金星與本命海王星相位。

當行運海王星與本命金星合相時，我們會很容易把海王星的幻想，投射到某個人或某件事上。也因為海王星是非現實之愛，所以往往能夠突破時間的現實，所以我們會發現，本命星圖中海王星相位很多的藝術家，他們往往過世之後的影響力還是很大。相較之下，如果本命星圖中木星相位很多的創作者，他們或許在生前很能掌握社會潮流，但一旦時過境遷，他們的作品就會顯得過時，不再被人懷念。而行運海王星與本命金星的相位，也是相同的道理，儘管這個時候，當事人容易陷入不切實際之愛，也許並沒有真的發生什麼，但反而在時過境遷之後，更令當事人念念不忘。這是只有海王星才會有的特質，因為如果依據土星價值，有人為了錢而選擇婚姻對象，如果他們看上更有錢的對象而甩了前一個人，就不會跟前一個人有情感連結。而如果依據的是天王星價值，結束之後當事人也不會去怨恨或者悔恨，只是會覺得當時一頭熱，事後甚至會忘了自己為什麼如此狂熱。

在我們一生當中，讓我們念念不忘的，只有兩種情感，一種是冥王星的情感，另一種是海王星的情感，不過這兩種的情感，讓我們念念不忘的方式也不太一樣，其中冥王星式的情感，一定會讓當事人陷入糾纏，當當事人念念不忘這個情感的時候，其實是愛恨兼容，過程當中激發出來的激情讓你念念不忘，在激情的同時，也會對關係裡面所產生出來的恐懼感到焦慮。

冥王星與海王星都跟過去世有關，差別在於，冥王星會想要在這輩子做個總結算，而海王星不會。在人際合盤中，如果一對情侶間有冥王星合盤相位，他們很有可能會基於過去世的未了情，而對對方產生激情。相較之下，沒有人會因為合盤中的土星而舊情復燃，因為土星是責任，是債務，沒有任何激情可言。也因此，當土星型的伴侶分手之後，根本不會對對方念念不忘。但海王星與冥王星都會。

但海王星跟冥王星不一樣，海王星的感情不見得會在現實生活中落實，而可能只在夢裡千轉百轉。雖然這樣的感情沒有現實的基礎，但是人一輩子最讓難忘也許就是這樣的海王星情感，因為這樣的情感最不會讓當事人失望，這種情感裡面從來不會有不好的事情——因為並沒有實際發生。也因為當事人只讓它在腦海裡面發生，而不是真正的在現實發生，所以這樣的期待是會有延續性的，就像當事人暗戀一個人，就算過了十幾年，再次看到這個人，還是會有一樣的感覺，為什麼會維持這長的時間？原因在於這段感情從來沒有被考驗過，所以才會生生世世印刻在靈魂裡，一旦被考驗過後，整個情感就會變得很脆弱。

很多人在行運海王星與本命金星合相時，會展開一段藝術化的戀情，或者展開一個靈性化的創作。我十一歲時遇到行運海王星與本命金星合相，當時我班上一個女同學感情非常好，她是文靜型的女孩，我是運動型的女孩，我們每天同進同出，有著說不完的話。當時我跟她各自有暗戀的男生，我們的話題也常圍繞著這兩個男生打轉。但有一天我在聊天時，說她暗戀的那個男生也很可愛，如果有機會的話，我也想跟他交往看看，結果這個女同學非常生氣，之後很長的時間都不跟我講話，這也是我人生中第一次嚐到為愛受苦、被愛懲罰的滋味。當時我情竇未開，想法其實很單純，當時我只是想，反正我們跟那兩個男生根本就沒在一起，從頭到尾都是暗戀，反正都是假的，為何我不能也喜歡她喜歡的男生？一直到我後來長大以後，才知道對方在氣什麼。後來回想起來，覺得那幾個月暗戀的時間，其實是很美好的，很適合拍成一部很清新的小品電影，算是我個人少年生涯的小小高潮。

在小學六年時間裡，這段歲月是我記得最清楚的時間，其他事情都讓我沒有很多記憶點。多年後，我查天文曆才發現其實此時行運海王星與我的本命金星合相。而這段複雜微妙的情感也成了我日後感情的啟蒙基礎，它有一點若有似無，就像做夢一樣，是一個很美的回憶——甚至回憶比當下的真實狀況更美，這就是海王星帶來的鏡花水月。

▼行運海王星與本命金星九十度

行運海王星與本命金星的九十度剋相，往往會讓當事人不好過，因為這段期間很容易會愛上一個不能愛的人，因而在感情上陷入麻煩。但也有可能行運海王星與本命金星九十度時，會讓人陷入痛苦的暗戀，但既然是暗戀，就未必會真正發生，但在暗戀的過程中，當事人會感到魂牽夢縈。

此外，不管是本命或行運的天王星、海王星，當它跟本命金星、火星形成相位，在占星學理論中，都是跟同志有關的相位。原因在於天王星、海王星都是非比尋常之星，而同志之愛也是非比尋常之愛。但天王星的同志之愛與海王星的不同，在於天王星會跳脫框架，而海王星會模糊框架。所以天王星型的同志會勇於出櫃，而海王星型的同志則不太會積極出櫃。因為對海王星來說，同性跟異性的框架不存在，真實與虛幻的框架也不存在，快樂與不快樂的框架也不存在，所以出不出櫃也沒有那麼重要了。

我有個朋友在台南念中學時，遇到了行運海王星與本命金星九十，當時他跟班上一個男同學感情很好，整天同進同出，生活上遇到什麼問題，這個同學也都會幫他解決。當然大學以後兩人就各奔東西，很少聯絡。但多年後回想起來，其實這也就是一種戀愛，當時他的確有一點心動。我認識這個朋友很多年，就我多年來的觀察，他應該本質上是一個異性戀，但他在年輕時期遇到的行運海王星九十度相位，讓他在那段期間，甚至在自己都不太有查覺的狀態下，談了一段若有似無的同志之愛。

當行運海王星與本命金星九十度時，當事人會遇到一些讓自己覺得不可能的對象，這些人可能會跟當事人發生關係，也有可能不會發生關係。但不管當事人有沒有跟對方發生關係，都不太容易真正能夠獲得這段關係，因而感到失落。相較之下，如果遇到的是行運天王星與本命金星的九十度剋相，雖然同樣也是無法完成之愛，但天王星要的只是天外飛來的刺激感，刺激感結束之後也就結束，就算後來無法繼續下去，天王星也不會感到失落。

行運天王星、海王星與本命金星九十度剋相時，經常會反映在婚外情，但行運天王星的婚外情不會讓人幻想有結果，而行運海王星會。也就是說，行運海王星與本命金星九十度時，當事人會幻想對方會為自己離婚，幻想對方是自己的靈魂伴侶，但這一切都是不可靠的。

此外，金星也是一顆跟金錢密切相關的星。行運海王星與本命金星九十度時，要特別小心金錢詐騙，尤其是騙財騙色，或假戀愛真詐財的網路詐騙。這個時候當事人很容易一廂情願對外投射了一些幻想，但這些幻想不可能成真。

▼行運海王星與本命金星一百二十度

一百二十度是和諧相，但也因為是好相位，海王星的正面相位充滿了宗教與靈性，所以反而不太會反映在純粹的男歡女愛。即使是談戀愛，也會是跟藝術、宗教、靈性有關的情感。

也因為海王星是藝術星、靈性星，在行運海王星與本命金星一百二十度時，很多人會在這段期間透過藝術來表達自己的情感，尤其會想要去追求更神聖的、更理想性的宇宙之愛。而這種宇宙大愛，如果有一點情感經歷的話，就會知道不太可能從世人身上得到，因而會將小愛昇華成大愛，會想要將情感投注於宗教、藝術或慈善上。

行運海王星與本命金星一百八十度

行運海王星與本命金星的一百八十度相位，代表當事人在這個時候，不管是情感或金錢方面，都容易受到一些外來誘惑，而將希望放在一些不能實踐的幻想中。海王星的負面相位跟酒精、毒品有關，而正面相位跟宗教、藝術有關，不管是宗教或毒品，它們都能讓我們超脫現實，只是宗教有機會向上提升，而酒精、毒品往往是向下沈淪、逃避現實。馬克思說，「宗教是人民的精神鴉片」，這句話的確有一絲道理。

在行運海王星與本命金星的四個主要相位中，一百二十度是和諧相，所以反而不太會反映在男歡女愛，比較會是宗教之愛、藝術之愛。行運海王星與本命金星合相時，當事人可能會迷迷糊糊的墜入一場自己也不了解的非現實之愛，但它往往會有一個具體的對象。而行運海王星與本命金星九十度時，當事人常常會愛上不該愛的人，例如愛上有婦之夫，對方很可能會騙當事人說自己正在離婚，但往往只是謊言。而行運海王星與本命金星一百八十度時，當事人則很可能愛的是不能愛的人，很多人在此時愛上神父、牧師，也有可能愛上了神棍，這些都是當事人一開始就知道不能愛，可是還是愛上對方。

海王星是同情、憐憫之星，此外，行運海王星與本命金星一百八十度時，很多人會愛上生病、殘弱之人。我認識一個女孩，在行運海王星與本命金星時愛上一個吸毒的男生，事實上她愛上的不是這個男生，她愛上的是一種想要拯救這個男生的情懷。但海王星的一百八十度剋相，意謂著這種情懷也只是一種自欺欺人，這個男孩跟她在一起時，毒癮不但沒戒成，還因為她不斷的接濟，反而越陷越深。

由此可見，當行運海王星與本命金星一百八十度時，最要留心的，是當事人以為的虔誠，可能只是一種不切實際的狂熱。

Chapter/5

行運冥王星對本命金星的影響

冥王星代表人類集體意識的佔有欲，它具有強烈的激情，這種強烈的激情來自於過去世的業力。也因為它跟業力有關，所以它通常會在現實生活中形成具體的事情，而不會只有內心波濤洶湧卻不發生真實的事情。

冥王星也會帶來死亡與重生，而且沒有死亡，就沒有重生，所以就算行運冥王星與本命金星形成的是好相位，它也必然會帶來一定程度的壓力與破壞力，再從破壞中展開新生。

要注意的是金星代表的不只是情感，它還跟金錢有關，當行運冥王星與本命金星出現剋相時，很有可能會讓人面臨人財兩失的痛苦，而且難以放手。但冥王星要讓我們學會的就是放手，唯有放手，才有新生的契機。

▼行運冥王星與本命金星合相

行運冥王星與本命金星合相是非常重要的行運時期。

雖然金星本身跟輪迴無關，但冥王星卻跟輪迴有關。我們先談一談人際合盤中的金星與對方冥王星相位。在親密關係中，如果一個人的金星跟對方的冥王星合相，代表冥王星這一方對金星有著過去世的記憶，也因為這些過去世記憶，而會跟金星這一方產生一些情感上的糾葛。在占星學中，月亮、土星、海王星、冥王星都跟過去世有關，而金星沒有。所以在人際合盤中，如果一個人的月亮跟別人的土星、海王星、冥王星有相位，就會雙方都有一些似曾相識的前世記憶，但如果是金星跟對方的土星、海王星、冥王星有相位，金星這一方就不會有特別的宿世感，而冥王星這一方，則會基於宿世帶來的集體意識，而對金星有著比較強烈的執著。

行運冥王星與本命金星合相的狀況又跟合盤不同。行運冥王星與本命金星合相時，當事人會在這輩子經歷過去世情感關係再度復活的感覺，所以這段期間很有可能會不可自拔的陷入一段情感關係中。由於冥王星是一種檯面下的、祕密的、執著的能量，很多人在行運冥王星與本命金星合相時，不管是已婚或未婚，都很容易陷入複雜而糾葛的三角戀情中。

這段關係會讓當事人覺得很重要，而且不容易解決。金星是一種性本能，但它未必帶來性行為，它會隨著金星本身的宮位有所差異，如果金星落在五宮、八宮這類跟性愛關聯性高的宮位，就比較會跟性行為有關，如果金星落在十二宮，就很可能是一種苦戀，但未必會真的上床。

冥王星與土星都是現實之星，所以當我們遇到行運冥王星與行運土星跟本命星形成相位時，都會有實際的事情發生，而不會只有內心波濤洶湧。也因為冥王星在占星上也代表了有欺騙和隱瞞的性質，它有著強烈的佔有欲，其中包含了性的佔有欲，也包含了情緒的佔有欲，當事人在這段期間，都會陷入一種比較容易嫉妒的狀態，很難脫離。尤其行運冥王星走得很慢，它有可能來來回回跟本命金星合相的期間長達兩三年，而且很可能會因為順行、逆行，而三次刷過本命金星。它有可能會讓當事人同一人一直糾纏，也有可能會跟不同的人糾纏，但都會讓當事人陷入一種不可自拔的漩渦裡面。

我認識一對夫妻，在外人看來，都覺得他們是模範夫妻。先生平常在旁人眼中是個君子，但有一年他遇到行運冥王星與本命金星合相，這個時候他跟一個年紀很輕的女人在一起，雙方鬧得雞飛狗跳，甚至在公開場合大打出手，鬧得人盡皆知——剛剛提到，冥王星都會有實際的糾紛發生，而不像行運海王星只是偷偷的在心裡暗戀。由於我跟這對夫妻都很熟，他們也有各自來問問我的意見。行運冥王星的鬼迷心竅有其期限，大概兩三年的時間就會過去，太太是個務實的太陽摩羯，於是她決定先忍三年，果然三年後先生就跟對方分手，第三者後來也去嫁人，雙方不再往來。先生後來告訴我，他其實也知道這段三角戀根本不合理，第三者是一個非常不穩定也不忠實的人，而且還有一個分分合合的男友，但他還是像墜入死蔭幽谷般掉了進去，甚至想不顧一切的拋下一切，跟這個女孩遠走高飛，完全無法自拔。

雖然現代人離婚的比例很高，所以很多人會以為離婚是一件很容易的事，但其實一紙婚約的制約力量很大。只要我們進入婚姻狀態中，本命金星就會像關燈一樣，不太對外開放，通常唯有天王星、海王星、冥王星這種威力強大的宇宙行星，才有辦法打破婚約的限制。而其中海王星又缺乏現實力道，所以通常只有天王星、冥王星會真的鬧出一些婚姻問題。

我有個朋友告訴我，他在行運冥王星與本命金星合相時，忽然陷入強烈的婚外情，不但想要離婚，還為了第三者花了很多錢，幫對方開店。在外人眼中看來，這一切都完全不合理，但他告訴我，他跟第三者之間，有著強烈的前世感，他甚至感覺對方好像是他過去世的小孩。不過兩三年後，不但店倒了，錢全部被捲走，對方也移情別戀，他的一場夢也醒了過來，又回到原來的婚姻中。

冥王星是一顆跟血緣有關的星，它代表的是跟宗族有關的累世血緣關係。所以當行運冥王星與本命金星產生合相或負面相位，特別容易在這段期間，遇到很強烈的情感關係，因為你會遇到彷彿從過去世回到今生的家人，因而難以拒絕。如果此時當事人有占星學的基礎，越知道冥王星的力量，越去面對、越去理解、越去分析，冥王星的負面力量就會減弱。如果說，冥王星是一個無形鬼影的話，占星學就像是一個手電筒，我們利用占星學這手電筒去照這個鬼影，反而就越不容易被這個鬼影所影響，如果對於占星一無所知，就會越很容易被內心的鬼影所影響。根據我自己的經驗，當事人越是去努力面對冥王星、海王星的功課，被它們惹上著魔的力量就越低；若不去努力也沒有能力面對的話，就會越糟糕，越容易陷入沈淪。

▼行運冥王星與本命金星九十度

行運冥王星與本命金星九十度時，當事人很容易陷入三角戀情之中。行運冥王星與金星合相跟九十度的最大區別，在於合相意謂著金星整個被冥王星包覆，所以力量很大，金星幾乎無力還擊，如果這個相位是反映在複雜的三角戀情上，當事人往往只能向下沈淪，即使當事人有足夠的智慧，還是必須面臨冥王星帶來的糾葛，只是可能造成的破壞力沒有那麼大。而行運冥王星與本命金星九十度時，冥王星未必能夠完全掌握住金星。如果用陷阱做比喻，行運冥王星與本命金星合相，就像是已經完全陷入陷阱中，無法逃離，只能減害。而行運冥王星與本命金星九十，就有可能是陷入陷阱一半，如果想要逃，還有機會斷尾求生。

不過斷尾求生本身就是一件難事。金星不但跟感情有關，也跟金錢有關，當行運冥王星與本命金星九十度時，不只情感會有糾葛，金錢也容易出大問題。如果情感跟金錢糾葛的對象是同一個人，就會讓當事人更不甘願放手。因為一放手，就是人財兩失。但也正因此，如果能客觀的看待這個行運，才有機會不被情緒綑綁，才能做出真正的最佳選擇。

▼行運冥王星與本命金星一百二十度

當行運冥王星與本命金星一百二十度和諧相時，當事人容易出現重要的情感力量，當這種情感力量出現的時候，會對於當事人的生活造成較大的影響。因為行運冥王星與本命金星一百二十度時，容易激發我們的內在感情力量，有些人在此時期會出現重要的感情關係，而且也會容易在藝術表現上出現重大突破。

如果用大家常說的桃花來論，行運冥王星與本命金星一百二十度時，很容易有正桃花出現，這種行運對演藝人員和商人的幫助其實比較大，此時的強勢金星能量可以轉換成金錢，在藝術與娛樂相關的領域容易獲利。這是因為冥王星跟較大的金錢、政治有關，而金星又是代表了人際關係、審美、金錢，所以行運冥王星與本命金星的一百二十度和諧相，對大企業家、政治家、藝術家、藝人以及所有從事需要人氣工作的人來說，這種正桃花的力量，會對事業很有幫助。

前面提到，行運冥王星與本命金星九十度時，常常會讓人因為人財兩失而不願放手，相較之下，行運冥王星與本命金星的一百二十度和諧相，就有機會人財兩得。如果選在這段期間結婚，往往意謂著這段婚姻，可以為當事人帶來較大財富。

而不管當事人命中有錢或缺錢，行運冥王星跟本命金星一百二十度時，當事人都會因為比較討人喜歡，比較受到關注，因而賺入較多金錢。所以這會是一個賺錢的好時機。

▼行運冥王星與本命金星一百八十度

行運冥王星與本命金星一百八十度對立，代表當事人容易陷入外來的情感糾紛，此時通常是別人讓你陷入了三角情感糾紛之中，或是別人的三角關係波及了你，讓你陷入很多麻煩。

在各種行運冥王星與本命金星相位中，一百八十度的對立，最容易讓人離婚。原因在於合相時金星完全被冥王星籠罩，有如著魔般身不由己，而行運冥王星與本命金星九十，並不是無法脫離，只是會因為不甘於人財兩失，所以不願脫離。唯有行運冥王星與本命金星一百八十度，透過一百八十度的極度對立衝突，會讓當事人有一種真的受夠了的覺悟，也因而比較容易斷然做出分手的決定。除此之外，一百八十度往往會反映在外在情境，也就是說當事人是「被分手」，是當事人的金星情感跟他人的冥王星產生了分裂，此時冥王星要離你而去，所以當事人就算很難接受，也不得不放手。

我身邊有幾個實例，分別顯示出行運冥王星與本命金星一百八十度的幾種面向。我有一個朋友，她的先生原本對她非常的好，但是當她遇到行運冥王星與金星一百八十度時丈夫外遇，跟她離了婚以後又回來找她，結果她反而變成了小三。另一個朋友在這段期間跟前女友舊情復燃，但前女友早已有了家室，三角關係鬧得不可開交。另一個朋友則在此時，太太告訴他說她愛上了她的英文老師，想要跟他離婚。

有的行運讓人會覺得像暴風雨過境，有的行運又讓人覺得像順風船。關鍵在於要看當事人整體配置。行運冥王星來的時候，其實就是一個考驗，它的目的是要去除當事人生命中的雜質，去掉生命中某些不純粹的東西，或把生命中最深的欲望給挖掘出來，當事人此時要學會面對這個挑戰。

冥王星走得很慢，走一圈需要兩百四十多年，所以一個人頂多一輩子只有可能遇到一次行運冥王星與本命金星一百八十度相位，而遇到這個相位時是十幾歲、二三十歲，或六七十歲，都是不同的命運安排。如果是二三十歲，可能會是戀愛糾紛，四五十歲則有可能是離婚爭產，六七十歲就有可能是生離死別。很多夫婦的星圖行運，其實有時會配合得剛剛好，這種現象，在占星學裡面被我們稱為同時性。而這也就是人際合盤的意義，當一對夫妻中有重要的合盤相位，意謂著兩人會不斷的在同樣的時間，遇到相同的行運，構成了命運共同體。

行運冥王星與本命金星一百八十度剋相的真正意涵，在於藉由一百八十度的對立，將沈痾已久的問題，一次浮上檯面。前面提到的太太愛上英文老師的案例，當事人雖然自以為婚姻生活沒有問題，但其實他結婚以後，就一直埋頭於事業，幾乎沒有花什麼時間精力來經營婚姻生活。太太外遇，其實也是將他們婚姻中的問題浮上檯面，逼著他不得不去面對自己長年以來過度重視事業的問題。於是他很有風度的答應離婚，並且祝福前妻可以找到幸福。而他自己也在不久後找到自己的第二春，可說是喜劇收場。藉由冥王星的巨大力量，可以讓金星的情感從毀滅走向重生。這就是我們學習行運的意義——也就是即使是面對負面相位，也能從中找到重生的契機。

PART

5

行運內行星對本命金星的影響

太陽、月亮、水星、金星、火星，這五顆星在占星學中被稱為內行星，它們走的速度都很快，所以影響的時間短、力度也比較小。但也因為它們走得很快，所以常常出現，尤其是行運月亮，它每二十幾天就會走一圈，也就是說，每個月我們都會遇到好幾次行運月亮相位。所以儘管行運月亮相位作用的時間，可能只有半天到一天，可是每隔幾天就會出現，它就會經常性的帶來當事人情感與金錢方面的波動。

金星要探討的是生之喜悅的欲望，其中包含了情感的滋潤、受人稱讚的才藝、討人喜歡的性格，以及社交與享樂，當行運的太陽、月亮、水星、金星、火星跟本命金星出現相位，就代表當事人在這幾天中，可能會遇到一些外在的人事物，對當事人的本命金星造成不同的影響。行運太陽、月亮、水星、金星、火星，會用不同的方式來讓當事人的本命金星覺得很開心，或者覺得很掃興。其中行運太陽常反映在外界的重要男性，行運月亮常反映在外界的重要女性，行運金星會反映在外來的跟享受有關的事物，行運火星會反映在行動力。

Chapter/1

行運太陽對本命金星的影響

行運太陽每一年繞一圈，它走的速度快，影響力通常也只有一兩天，但藉由行運太陽與本命金星形成的相位，透過一件很明顯的外在事物，它會點出當事人本命金星會遇到的課題。

金星常常跟我們生命中一些感性的東西有關，例如喜好、情感，即使事過境遷，我們都還會記得當時的感受。月亮也會給當事人帶來一種類似情感的需求，但月亮的情感需求，常常跟過去世的情感經歷有關。金星和月亮在感情中，最大的不一樣，是金星與過去世無關，月亮則跟過去世經歷有關。

此外，月亮與家庭、安全感或歸屬感等議題有關，月亮經常會與婚約有關，會讓你產生想要與某個人定下來的念頭，而金星與家庭、婚姻無關。

當一個人想跟另外一個人定下來，或是對另一個人有歸屬感，一般來講，不見得代表這個人是對方最愛或最喜歡的人。大部分的人在婚婚姻關係，都會尋求一個最能帶給我們安全感的人，最讓我們有種家人似的感覺，甚至於有種像冤家似的感覺——冤家的感覺有時候也會給當事人很強的熟悉感，因為他們之間可能會有些累世的因緣，或是糾纏不清的情感關係。

金星能量與婚姻無關。很多人對金星之愛有一種迷思，會把戀愛與婚姻畫上等號，會以為我們今天喜歡一個人，就適合跟這個人結婚，但其實不然。

金星能量是一種本能感受，例如我們喜歡吃什麼、做什麼、想要擁有什麼等等。內外行星跟金星互動時出現的一些行運相位，會刺激出我們生命當中原始的情感本能，喚起我們心中某種渴求。基本上來說，金星會讓我們產生一種不自覺的歡喜感，就像你吃到你喜歡吃的東西，帶來欲罷不能的感覺。

但金星的情感跟家庭安全感毫無關係。月亮代表的才是安全感，我們在家庭中，需要的是安全感，而不是金星的喜悅與奢華。應該這麼說，金星是一種求偶的訊息，但想要成家，必須依靠月亮。

▼行運太陽與本命金星合相

行運太陽每年都會在固定時間，碰觸到當事人本命星圖上的金星，而這天會是一個讓你想要主動表達情感的日子。

如果你本性害羞的話，可以藉助這天的太陽能量，對自己喜歡的人進行表白，因為此時行運太陽的力量會加強金星的活力，也會讓金星變得比較主動。有的女性在太陽合相金星時，可能會遇到自己比較喜歡的男性類型。但要注意的是行運太陽跟本命金星的合相僅僅只有短短一天，如果這樣的情緣想要延續，當事人的本命星圖應該要跟對方行星出現較多互動，才比較可能，也就是雙方必須要有很多合盤相位，尤其是土星或冥王星的合盤相位，雙方才比較有機會可以發展出長期關係。

這並不是說每年你都有可能遇到重要對象，可是行運太陽金星合相的那一天，極有可能會出現一個跟你很有重要關係的對象。對於那些想要有桃花的人來說，不妨選擇行運太陽合相本命金星的這一天，試著去相親、拋頭露面或約會，因為這一天有利於自我感情的展現。如果你是已婚人士或並不需要這種關係的話，則不需要特別去做什麼。不過如果平常你跟你的先生或太太生活中欠缺情趣，那麼你也可以好好借用這一天來安排活動，促進關係。

▼行運太陽與本命金星九十度

一年中會有兩次行運太陽與本命金星九十度的機會，此時當事人容易陷入一種情感的矛盾狀態之中，因為這個相位的時間很短，如果沒有同時跟其他的行星出現負面相位，一般來說並不會出現太嚴重的事件。但如果你的本命金星有剋相，其中又以本命金星與本命或行運的土星或冥王星九十度格外嚴重，那麼原先你的本命金星課題，受到行運太陽再落井下石，就會感到非常不愉快。

此外，太陽是一顆陽性行星，當行運太陽與本命金星九十度時，往往會讓人陷入與男性有關的情感議題中。

行運太陽與本命金星一百二十度

金星跟奢華、享樂有關，當行運太陽與本命金星一百二十度，當事人會在這段期間很想去買東西、享樂、約會、看展覽、飲宴。不過也要根據當事人的具體情況而定，有的人會偏向於金星能量的物質面，有的人則會偏向於精神面。在這個時候，當事人都會覺得在伴侶關係上較有活力，此時若是單身的當事人遇到了新對象，也會容易把自己心中那段浪漫的感覺表達出去。以我自己的經驗而言，像我這樣結婚多年的人來說，在遇到這樣的行運，還是會想要出去玩，而且比較有機會會跟自己的伴侶表達愉悅的情感。

其實行運就是我們生命中的一種季節更替，而這個旋律是非常有趣的，因為它會以不同的層次，在我們的生命之中唱和，時而讓我們高潮疊起，時而讓我們低落萬分，正因為這樣，才交織出了不同的生命層次。

▼行運太陽與本命金星一百八十度

行運太陽與本命金星的一百八十度對立，也是一年會發生一次，此時當事人很容易遇到一個情感上的壓力。這個相位意謂著我們會陷入自我（太陽）跟感情（金星）之間的衝突。很多人會在遇到這樣的相位時，發現自己想做的事情，跟伴侶或情感對象之間是有矛盾的。無論當事人跟自己的伴侶關係多麼要好，當事人總會在那段期間特別想要做自己。太陽常常意謂著我們比較自我中心的另一面，可是金星常常代表的是我們如何跟對象可以良好互動、妥協交往的面向。我們的太陽有時候會負責管理我們的情感需求，可是有的時候太陽也可能不會配合我們情感需求，會比較自私的滿足自我意識。當行運太陽與本命金星一百八十度對立，很多人就會在這段期間，變得比較我行我素，在關係裡面顯得比較任性。

行運太陽與本命金星的一百八十度對立，其實常常也意謂著金星的情感需求會壓制或不配合太陽的自我意識或自主性，有時候就會滿足了太陽卻滿足不了金星，滿足了金星就滿足不了太陽，兩者只能取一，無法兩全，而且會像翹翹板般，由這個極端擺盪到另一個極端。在太陽與金星的翹翹板中，我們常常會因為金星的情感而限制住太陽意識，也常常會因為太陽想要完成的自我，而讓金星的情感或享樂無法如願。尤其如果金星本身有其他剋相時，行運太陽與本命金星一百八十度的衝突，也會比較嚴重。尤其一百八十度相位會讓人帶有一絲一意孤行的意味，有可能平常金星都壓抑著自己的享樂需求，而等到行運太陽與本命金星一百八十度時忽然大爆發，花了很多不該花的錢。

有時候這個相位會在生活中製造出一些事件，例如會因為跟伴侶之間的一些意見不同而限制住我們自己，而太陽的自我意識也可能不會讓金星的情感需求如願。如果你對自己的星圖夠了解，就會清楚這不過只是行運加強了我們生命中某一種欲望而已，就不會讓自己一直陷入到裡面去無法自拔。其實，生活裡面永遠都會有這樣四季的循環，如果你每年在行運太陽與本命金星一百八十度對立時，每次都失心瘋做很多衝動的事，很可能等到相位過去，就得要面臨後悔的結果。其實，每一個人都會有一些想要一意孤行、不想跟別人配合的需要，如果你夠了解自己，你就比較能夠全盤看穿自己的處境，也可以比較樂觀，你知道只不過金星在影響你，而金星也不過是我們整個人的一小部分。這樣就不會忽然失去理智，讓金星的本能沖昏了頭，結果反而做出令人後悔的事。

Chapter/2

行運月亮對本命金星的影響

行運月亮每隔二十幾天就會走一圈，所以大約每個月我們都會遇到行運月亮與本命金星合相一次，一百八十度一次，九十度兩次，一百二十度兩次。也因為行運月亮走的速度很快，它的影響力也就比較小。

不過也因為我們經常會遇到行運月亮的相位，所以如果一個人本命金星有剋相，例如一個人的本命金星與本命土星九十度，他們通常都會有情感無法充分被滿足的問題，當他們每隔一兩個禮拜就出現的行運月亮剋相，就等於是一次又一次藉由微小的事件，讓他們感受到本命金星土星九十度的議題。

▼行運月亮與本命金星合相

行運月亮跟金星合相的時候，會是我們在情感上面最溫柔、最甜蜜的時候，而且這樣的相位，其實在每一個月都可以碰得到，這時我們會有甜蜜的感覺，而且通常會與我們的家庭生活或跟食物等等有關。

行運月亮與本命金星合相時，當事人會很主動的去吃一些甜食，或很想要能夠透過親情的方式來表達自己的情意，比如買東西給別人吃，或用一些自己覺得舒服的方式對他人好。當行運月亮與本命金星合相，會讓當事人很想要表達自己內心比較細膩的那一部分情感，跟家裡人或伴侶之間比較容易出現情感的交集。當事人如果單身，也會特別想要在此時看點羅曼蒂克小說或電影，或表現在對寵物的寵愛上。

▼行運月亮與本命金星九十度

如果一個人的本命星圖中月亮跟金星九十度，往往意謂著當事人的母親當初為了內在安全感（月亮）而犧牲了浪漫夢想（金星）而結婚，所以當事人不分男女，長大以後也會在人生中，不斷遇到月亮的安全感與金星的情感無法兩全的困難。而當行運月亮與本命金星九十度時，當事人就有可能會在這一天感受到類似的處境。尤其行運月亮很可能會投射在一個女性身上，在這一天，很可能會出現一個女性——而這未必是真人，有可能是當天當事人看了一部電影或一本書，裡面有一個女性角色，讓當事人深思自己在親情與愛情之間的兩難，選擇了安全感，也許就沒了浪漫；選擇了浪漫，就覺得不夠有安全感。

此外，月亮也跟過去的回憶有關。當行運月亮與本命金星九十，就會有一些外在有些狀況會激發我們內在的反應，容易讓我們聯想到一些過去的回憶，這些回憶大多數跟情感的需求有關。

行運月亮一個月大約會跟本命金星九十度兩次，它的作用力小，但經常發生，如果一個人本命金星有剋相當每個月兩次的行運月亮又來剋，就會經常感到情緒上的波動。

▼行運月亮與本命金星一百二十度

行運月亮與本命金星一百二十度時，我們會跟家人或朋友，享受到一段比較愉快的具有家庭生活特質的時光。

這段時間也很適合展開一段新的重要關係。不過每個月行運月亮都會跟本命金星一百二十度兩次，這也意謂著它每次的作用時間短，力量也很小，通常得要搭配著其他更為有力道的相位，再搭配行運月亮與本命金星，才會展開新關係。而行運月亮與行運太陽相位的不同，在於行運月亮與本命金星一百二十度時，會比太陽更多一種月亮母愛的柔情，會更有一種親密感。

此外，在行運月亮與本命金星一百二十度相位，也意謂著當事人此時會跟寵物有較密切的互動，會把寵物當做自己孩子。此時，我們內在會有種很想要跟身邊親密的人分享或是有種親密的需要。

▼行運月亮與本命金星一百八十度

在這段期間，當事人容易陷入一種關係議題之中，我們發現自己需要的安全感跟想要的浪漫之間，會有非常大的衝突。在這個行運期間，有的當事人會很想要把天平傾向於金星這一方，因而忍不住想要瘋狂購物。尤其是本命金星受剋的人，在遇到這種負面相位的時候，會因為情感上的缺失，轉用物質來補償自己金星受剋所產生的受傷感。

行運月亮與本命一百八十度相位，有時候也反映在我們與當時的情人或家人之間出現財務上的衝突，因為月亮和金星其實都與財務有關，只不過金星通常代表的是消費的財務，月亮代表的是儲蓄或生活上面的財務。由此可見，在重要的情感關係裡面，財務議題很重要。通常關係好的夫婦，財務之間的糾紛就會比較小，關係差的夫婦，財務問題則比較容易引發紛爭。

Chapter/3

行運水星對本命金星的影響

水星與溝通有關，金星與享樂有關，當行運水星與本命金星形成相位，都會是外界發生一些跟溝通有關的事物，導致當事人的金星感到快樂或感到沮喪。

不過也因為行運水星走的速度很快，我們也常發現，日常生活中，如果只是因為單純的言語溝通而導致的不快，除非另有其他心結，否則通常一兩天都會過去，並不會因此留下很深遠的影響。

▼行運水星與本命金星合相

行運水星與本命金星合相的時候，當事人會因為外界的一些浪漫事物，激發出自我情感的思考或表達，例如看了某首詩或電影等。

這時有可能會是自己將內在情感用口語、寫作方式表達出來，也可能是別人用口語、寫作來觸動了我們的情感。這個時候很利於透過音樂、藝術或其他具有創造力的方式，來表達出內心的感覺，而這個時候的耳聰目明，也可以增進我們對情感的理解力。因此特別適合藉由水星的刺激，例如閱讀、看電影、聽演講，來增進情感的感悟。

▼行運水星與本命金星九十度

這是一個很容易跟人出現口舌之爭的時刻。在這段期間，我們容易跟他人之間因為溝通的問題出現情感議題，會因為討論或意見不合影響到了雙方的關係。

▼ 行運水星與本命金星一百二十度

這段期間我們會處在一個比較愉快的氛圍裡面，也會跟親密關係的對象溝通愉快，很利於跟身邊的朋友一起去欣賞音樂、電影、進行藝術表達或唱唱卡拉ＯＫ，這是我們在社交場合感到順利的時候。而且，大部分的人此時也喜歡跟別人表達出自己內心的情感狀態。

我們常常發現，我們有時候喜歡跟別人分享自己的內在情感，有些時候不想。而行運水星與本命金星一百二十度時，我們特別會因為溝通順暢，而願意跟別人分享自己的心情。

▼行運水星與本命金星一百八十度

水星代表思想與溝通，金星代表情感與喜好。行運水星與本命金星的一百八十度對立，常常意謂著我們會因為水星的想法，造成金星的感情出問題。這個時候我們很可能會說出不該說的話，或者看到、想到一些事情，結果傷害了感情。例如有的人談戀愛談了一陣子，忽然在行運水星與本命金星一百八十度時，發現對方的政治立場跟自己完全相反，結果大吵一架，雙方也就分手了。不過行運水星畢竟是一個速度快、影響力小的行星，通常雙方一定也有很多其他的地方合不來，行運水星與本命金星的對立，也不過是壓垮駱駝的最後一根稻草。而從另一個角度來看，如果只是因為區區一個行運水星就被打散，這段感情本來就很不穩固。

Chapter/4

行運金星對本命金星的影響

金星是一顆情感之星、享樂之星。當行運金星與本命金星形成相位，不管是正面相位或負面相位，行運金星都會透過一些外在事件，放大本命金星本身的情感與金錢議題。

舉例來說，如果一個人本命金星的剋相很多，當行運金星又跟本命金星合相或九十度、一百八十度時，就會有一些外界事件，讓當事人更加感嘆自己本命格局中的情感困擾。即使形成的是好相位，雖然行運金星的好相位會讓本命金星的剋相有所舒緩，但這種情緒紓緩，也有可能會讓當事人感到有一點輕微的悵然若失。

▼行運金星與本命金星合相

金星是情感之星，當行運金星與本命金星合相時，很容易感受到一種柔情，而且會很容易將情感表達出來，因而很利於親密關係的推展。

金星跟生活中的美學有關，在這段期間，當事人很容易透過藝術、文學、音樂來表達出自己的情意。生活中的美學也包含了購物與飲宴，這段期間，因為當事人的金星能量很強，所以有會有很多購物與交際應酬的機會，當事人也往往能夠藉由社交生活中的運籌帷幄，為自己帶來好人緣。

金星也跟金錢有關，尤其如果本命金星落在二宮、八宮，當行運金星又與本命金星合相時，就特別容易因為當事人討人喜歡的特質，因而賺到錢。

▼行運金星與本命金星九十度

當行運金星與本命金星九十度時，當事人容易出現情感上的衝突與糾紛，很容易覺得自己沒有得到想要的感情，所以很多人會想要藉由外在的物質來滿足情感上的不滿。很多貴婦會因為情感上的不滿足，而去買很多珠寶，這就是行運金星與本命金星九十度的常見寫照。

▼行運金星與本命金星一百二十度

行運金星與本命金星一百二十度時，很適合單身男女去相親，或從事某些跟他人互動、公關方面的行動。這個相位代表我們可以在社交場合感到很愉快，很適合聽音樂會、看畫展，若當事人本身是藝術創作者的話，這一天會比較容易獲利。

尤其金星與社交生活有關，在這個行運時期去從事社交活動，當事人會很能展現出自己美好的一面，又不會過於鋒芒畢露。

此外，這也是一個特別適於追星的相位。在這段期間，很容易喜歡一些外在人事物，也很容易因而感到快樂。

▼ 行運金星與本命金星一百八十度

行運金星與本命金星的一百八十度對立，會讓當事人在情感上陷入低潮，尤其如果當事人正在一段親密關係中，會覺得自己跟另一半在情感上不能同步，甚至彼此對立，沒辦法感受到情感的和諧。

不過金星本身是吉星，即使遇到剋相，頂多就是情感上的不愉快，或是想要亂花錢，本身的問題不太大。

Chapter/5

行運火星對本命金星的影響

金星與火星都是人類的本能欲望，如果要區分的話，金星可以說是一種情欲，而火星則是一種性欲。

金星的情欲可以放在心裡面，也可以訴諸於行動；火星的性欲則直接與行動有關，它不會默默的放在心裡。但火星的性欲會隨著性行為的結束而熄滅，它必須等待下一次的興起再重新點燃，而金星的情欲則不會隨著性行為的結束而結束。

當行運火星與本命金星形成相位，就代表行運火星會藉由一些外界的事物，而其中都會具備一定程度的性能量來點燃金星，如果形成的是好相位，金星的情感就會覺得很愉快，如果形成的相位不好，金星的情感就會覺得很受干擾。

行運火星與本命金星合相

行運火星碰到本命金星合相的這一天，常常會有一個跟外來情欲有關的機會出現，讓當事人的情緒受到情欲的挑動。無論是否有伴侶，遇到這一天時，很難免不對他人動心。若是已有伴侶的人，則特別需要在這一天好好的控制自己，以免太過心猿意馬。

當行運火星與本命金星合相，意謂著當事人的情感，很容易被外界的事故或對象給帶動，而且行運火星會帶來實際的肉體互動。不過肉體互動的可能性很多，未必一定是性行為。尤其金星代表的除了情感之外，也包含了審美觀與享樂、社交活動，所以這段期間也很適合藝術家去從事繪畫、音樂、雕塑等創作。如果藝術家在創作時期具有強有力的情感，創作出來的作品往往會顯得特別有活力而且生動。

金星是一顆情感星，也是美術星，很多藝術家的星圖中，都有很強的金星相位。所以當他們的本命金星被啟動，他們就想要談戀愛，而談戀愛會讓他們有歌想唱、有畫想畫，結果一輩子花了很多時間、精力去談戀愛，因為他們需要透過談戀愛，來讓自己陷入一種情感上的高潮，這種人生其實有一點辛苦。

行運火星跟本命金星的合相，都容易挑逗我們情感的狀態。但如果我們夠了解金星的本質，就會知道，金星的面向很多，並不是每一次金星被挑逗，就非得要隨著火星起舞，把自己的人際關係弄得很複雜。

▼

行運火星與本命金星九十度

行運火星與本命金星九十度時，大部分人會陷入一種情愛和性愛比較不平衡的狀態，會感覺到自己在這個時候的情欲和性欲，很難找到出口，特別容易陷入糾纏和不平衡的狀態。

也因為金星與火星都是我們的欲望本能，當這兩顆星出現九十度剋相，我們就會因為性能量（而非性行為）的綁手綁腳，很可能會連出門前怎麼打扮自己都舉棋不定，因而變得很焦慮。

▼行運火星與本命金星一百二十度

行運火星與本命金星一百二十度時，當事人的情感面會得到平衡，我們會在喜歡的關係裡面得到情欲的滿足，通常此時期的情欲和性欲需求，都比較容易能夠找得到出口。

這也會是一個光彩照人，很討人喜歡的時期，因為金星雖然是一顆討人喜歡的桃花星，但是金星很被動，當它被火星啟動，尤其是被一百二十度的和諧相啟動，就會變得更有能力散發出自己的美感。

此外，也因為一百二十度是和諧相，它不像合相這麼直接與性有關。簡單來說，當行運火星與本命金星合相時，當事人會比較感覺到自己的金星蠢蠢欲動，而一百二十度不會。一百二十度的和諧相，會讓當事人光彩照人，卻不會太過性感而引動性欲。

▼行運火星與本命金星一百八十度

行運火星與本命金星一百八十度與九十度都是剋相，兩者的差異，在於行運火星與本命金星九十度時，當事人會面臨情欲與性欲的衝突，因而感到卻步、畏縮，感到神經質。但當行運火星與本命金星一百八十度時，火星的能量會壓過金星，當事人就有點可能會不顧金星的情愛需求，而完全屈服於火星欲望的誘惑。

也就是說，如果以找一夜情這件事而論，行運火星與本命金星一百八十度比較會讓人找一夜情，而行運火星與本命金星九十度時，當事人反而會因為想東想西、猶豫不決，因而很難去找一夜情。

韓良露生命占星學院 19

月亮金星行運全書

作　　者／韓良露
撰述委員／宋偉祥、李幸宜、曾睦美、繆沛倫、韓沁林、羅美華
特約主編／繆沛倫
美術設計／蔡怡欣、Bear 工作室

創 辦 人／朱全斌
董 事 長／施俊宇
營 運 長／李長軒
編輯出版／南瓜國際有限公司
地址：106 台北市大安區忠孝東路四段 325 號 9 樓
客服電話：（02）2795-3656
傳真：（02）2795-4100
總 經 銷／紅螞蟻圖書有限公司
地址：114 台北市內湖區舊宗路二段 121 巷 19 號
電話：（02）2795-3656
傳真：（02）2795-4100
網址：www.redant.com

I S B N ／ 978-986-99379-8-6
初版一刷 2022 年 3 月 15 日
定價／ 350 元

南瓜國際「韓良露生命占星學院」
https://www.pumpkin.tw/
臉書粉絲團「韓良露生命占星學院」
https://www.facebook.com/LuluAstrology

國家圖書館出版品預行編目 (CIP) 資料

月亮金星行運全書：家庭、情感與金錢的命運時刻表 / 韓良露著.
-- 初版. -- 臺北市：南瓜國際, 2022.03
面；　公分. --（韓良露生命占星學院；19）
ISBN 978-986-99379-8-6(平裝)
1. 占星術
292.22　　111002708